New 新視野145
window

我的世界在路上

走遍日澳紐蒐集微笑，台灣大男孩Terry的動人旅行故事

鍾一健 著

高寶書版集團

高寶書版集團
gobooks.com.tw

新視野 New Window 145
我的世界在路上：走遍日澳紐蒐集微笑，台灣大男孩 Terry 的動人旅行故事
作　　者：鍾一健
書系主編：蘇芳毓
編　　輯：林婉君
封面設計：蕭旭芳
排　　版：趙小芳、蕭旭芳
出　　版：英屬維京群島商高寶國際有限公司台灣分公司
Global Group Holdings, Ltd.
地　　址：台北市內湖區洲子街 88 號 3 樓
網　　址：gobooks.com.tw
電　　話：(02) 27992788
電　　郵：readers@gobooks.com.tw（讀者服務部）
pr@gobooks.com.tw（公關諮詢部）
傳　　真：出版部　(02) 27990909　行銷部 (02) 27993088
郵政劃撥：19394552
戶　　名：英屬維京群島商高寶國際有限公司台灣分公司
發　　行：希代多媒體書版股份有限公司 /Printed in Taiwan
初版日期：2014 年 8 月

國家圖書館出版品預行編目（CIP）資料

我的世界在路上：
走遍日澳紐蒐集微笑，台灣大男孩 Terry 的
動人旅行故事 / 鍾一健著．-- 初版．-- 臺北市：
高寶國際出版：希代多媒體發行，2014.08
面；　公分．--（新視野 145）

ISBN 978-986-361-041-0(平裝)

1. 遊記　2. 世界地理

719　　103013545

自序

二〇一二年一月二日　澳洲

在墨爾本的斯旺斯頓街上，路上行人皆匆匆地從我的微笑攤子前走過。

只有他，一位重度身障的朋友坐在電動輪椅上緩緩地在我面前停下……

他因為全身癱瘓造成肌肉萎縮，只能讓扭曲變形的雙手倚靠在前方的把手上，而他穿戴著特殊設計的頭套，上方的支架是幫助他用來控制輪椅的唯一方式，生活上的不便與困難是可以想像得到的。

「嗨！你願意留下微笑嗎？」我停下演奏向他打了聲招呼。

他沒有說話，只是微微揚起嘴角看了我一眼，然後又轉頭繼續看著攤位上其他人的微笑照片。

「我可以為你拍張照嗎？」我再次地向他詢問。

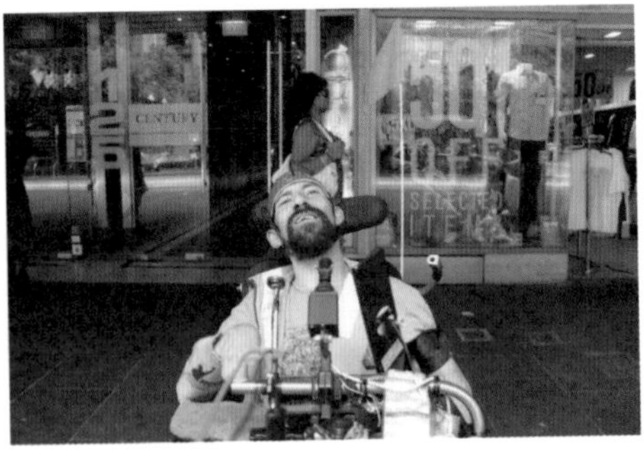

只見他靠著頭部的特殊支架控制輪椅轉身面對我，似乎用盡全部意志力來牽動臉部肌肉，可是因為身體上的障礙，讓張口微笑的動作沒有辦法維持，不到半秒的時間，嘴巴隨即合上，但他沒有因此放棄，不斷地重複這個動作。

我趕緊跑到相機後面按下快門鍵，將這無比真誠的畫面記錄下來。

在他離開以前，我告訴他關於蒐集微笑的背後故事，謝謝他幫我完成對朋友的承諾。

看著他微笑離去，似乎在他的心裡面，因為自己有能力為別人付出而感到開心。

的確，蒐集微笑是一件微不足道的小事，但它背後的意義卻是為了實現一個來不及兌現的承諾。

在澳洲打工度假時，從未想過自己能做些讓生命更有意義的事情，某日突然得知生命中最珍貴的好友罹癌，人在遠方的我，很想為她做點甚麼幫她加油打氣，因此有了拍攝一〇〇〇張微笑照片的祈願，也開始了我蒐集微笑的旅程；雖然這份心意她來不及看見，但我生命的劇本也因此而重新改寫。

藉由澳洲的經驗，我決定在紐西蘭打工度假期間為基督城大地震的災民們蒐集微笑。在累積了紐西蘭的經驗後，我進而再前往日本為三一一大地震災民們蒐集微笑。過程中難免會遇到挫折與沮喪，一次又一次打擊著自己的夢想與堅持，更數度澆熄掉曾經擁有的熱情。如何在掉入迷惘前，重拾自己對於夢想、執著的態度及堅定的信念是獨自旅行最大的挑戰。

這條路，從來就不在我的人生規劃之中。但是在旅行途中蒐集微笑的想法，讓我在實際行動後，真實感受到微笑背後那股神祕的感染力，並體會到微笑是在每一次與陌生人相遇時最簡單與最真誠的語言。

在這三年之中，這些偶遇與觸動內心的經歷，原來在我付出的同時，別人也豐富了我的心靈；而這些在旅行時，所發生最真誠的感動，將轉換成文字，真實呈現在書中的每一頁裡……

03 日本

01
澳洲

沒人說得清楚這一趟旅行是放逐自己還是找尋自己，
但唯一確定的是當我回來時，那是一個全新的自己。

McRaeway
NEW ZEALAND
POLSKA
ALL BLACKS
RICHMOND

離開以前

心裡有一個聲音告訴我：「你為什麼而蒐集微笑、蒐集多少個微笑似乎不是那麼重要。重要的是：你是否能幫助別人，帶給他人快樂。」

在離開墨爾本前，我決定到假日市集做最後一場蒐集微笑的街頭表演活動。

座落在巷弄中的坎伯威爾假日市集是我在墨爾本第一次街頭表演的地方，也是最後一次蒐集微笑的地方。我住的地方離這裡約兩百公尺，對我而言，這邊的環境再熟悉不過，在這裡有許多的古董及二手物品，是當地居民及遊客最愛的挖寶聖地，除此之外也會有販賣食物的攤販在此協助解決民生需求。有意思的是，以二手物品聞名的假日市集卻看不見古董及二手物攤位前等著挖寶的人潮，反而會在食物攤販前看見人群聚集。攤位旁那些沒有被納入規劃的空間，常會被一些街頭藝人加以利用，大多數在這邊的音樂表演者也都很有默契地為彼此之間保留距離，避免雙方演奏時相互造成干擾。

眾多表演型態裡，擁有一副好嗓子的歌手最令我羨慕，不需要複雜的旋律，光是憑著優美的歌聲也能吸引全場目光；記得前一陣子我在家裡練習彈唱，如痴如醉享受音樂帶給我的快樂時光時，室友突然叫住我。

「那個……泰瑞[1]呀！」

「啊？幹什麼？」

「我建議你專心彈奏就好了，不要唱。」

「……」

其實我一直都很清楚自己患有五音不全及絕對音痴的症狀，所以大多數的時間我都是練習街頭彈奏的組曲，偶爾為了考驗別人的容忍度才會彈唱，殊不知這竟是「爽到我，艱苦到別人」的一場災難，這也說明了為什麼我總是在街頭僅彈不唱。

＊＊＊

這一次蒐集微笑的活動除了演奏音樂及拍照之外，只要有人願意

停下腳步留下微笑，就可以免費得到一樣二手衣物。會有這個構想，其實是因為我在我住的這間公寓擔任管家換宿[2]長達一年的時間，總會有新、舊室友在交替時留下用不到的衣物，而我會把這些東西集中收好，等待新主人賦予它們新的生命。

沒想到累積一年下來，住客所留下來的東西竟達到三大箱之多。

此次表演多了兩位烏克麗麗的新手玩家史帝芬與艾玲，除此之外還有一群好友也前來壯大聲勢，在尚未開始蒐集微笑前我已經感到非常興奮了。

到了約定好的時間，我們一群人浩浩蕩蕩地走進假日市集，由於陣容太過龐大，不知情的人還誤認為我們在遊行，在找到合適位置前我們似乎已受到路人的關注了。老實說，在每一次街頭表演前我都會很緊張，害怕與路人的眼神接觸，每次與他人對到眼時，就好像他們會看透我內心的不安一樣，讓我感到很不自在。

為了克服這個困擾，我會戴上太陽眼鏡，減少眼神接觸。沒想到這一招像是仙丹神藥一樣總是能治癒我的心病，也讓我提升許多自信心。當然這一招不僅適用於我，對於兩位新手玩家史帝芬與艾玲也有同等效

Leave Your Smiley Face
And Take One For Free

FREE

FREE

果，他們倆從出發前一副畏縮、沒有自信的樣子，自從戴上太陽眼鏡後就像是找到勇氣、披上戰甲一般，連走路都有氣勢。

活動開始前我們卻面臨找不到場地可以表演的窘境，整個市集廣場一早就擠滿了小販與人群。同行的友人紛紛開始出現打退堂鼓的念頭，我沒有預料到會有這個狀況出現，更不希望因此而取消活動。我不斷地在市集中穿梭，最終看到某咖啡店旁有一組街頭藝人正在打包器材準備離開。這可能是我們唯一的機會，必須要好好把握才行，與友人快步跑到定點後方等待他們離去。

事前準備一如往常地進行，只不過這一次我們擁有三大箱待送物品。將物品陳設展示好之後，並在箱子旁放上一張事先準備好的長方形大紙板：「留下你的微笑，免費索取一樣物品」。

「那邊有免費的東西可以拿耶！」

「留下微笑可以免費拿東西？」

我聽到那些聲音。

我知道紙板上的文字已經引起好奇心。

怦、怦、怦、怦，我的心跳已掩飾不住興奮。

架設好相機後，我們三人開始彈奏預先排練好的組曲，團體戰果然馬上奏效，不到五分鐘即吸引一對母女的注意，我趕緊前往為她們說明此活動，她們也不吝嗇地站在相機前留下本日第一個微笑。臨走前，母親特別幫小女孩選了一件淺灰色的圍巾，兩人在轉身離開時仍不時微笑回頭討論這一切發生得太不真實了，怎麼會有人在二手市集蒐集微笑還免費送上二手物品。

活動才剛開始就有令人開心的經驗，宛如為我們注入一針興奮劑一樣，我們三人隨即從原來典雅型態的演奏樂手突然變成搖滾樂手，更加賣力地演奏來博取更多的注意力。愈來愈多人被我們的熱情吸引過來，現場也開始出現排隊等著拍照的人潮，一旁咖啡廳內的顧客更好奇地紛紛探出頭來觀望。

在歡樂的氣氛下我留意到一位頭戴棒球帽、穿著寬鬆T恤及運動短褲的男士站在不遠處，用疑惑的眼神看著這一切發生。

「嗨！你好嗎？」我走向前打招呼。

THE AGE
THE AGE
Money
the best of the
Best
2012
WINNERS REVEALED
ON SALE NOW!
Men's Fitness
SUMMER LOVING
WANNA FIGHT?
INSIDE
Fancy
Fillings
RIALTO
628
ON SALE NOW
THE AGE
hi, my name is Robert.
I love old accordions.
Donations help me

「那……那……那些東西是免費索取嗎？」

「對呀，只要你留下一個微笑就可以帶走喜歡的東西。」

我意識到他似乎有一些言語表達障礙，因此放慢速度為他解釋。

但他並沒有因此而動心，他的反應似乎在說明這件事聽起來有些荒謬，他必須提高警覺。

也許他曾經有過不愉快的經驗讓他不再輕易相信別人，我不期望自己可以改變他的觀念，我只希望可以用行動告訴他，這個世界仍然有許多美好的事正在許多角落發生著。

我與他站在一旁看著其他人拍照、挑選東西、快樂離開。看得出來他似乎想要嘗試，可是卻始終猶豫不前。心裡有一個聲音告訴我：「**你為什麼而蒐集微笑、蒐集多少個微笑似乎不是那麼重要。重要的是：你是否能幫助別人，帶給他人快樂。**」

我轉過頭對他說：「兄弟，我今天帶太多東西過來，帶回去也麻煩，如果你有喜歡的東西，我可以送你。」我希望用此方法消弭他心中的疑惑與不信任。

只見他移動腳步走到箱子旁，很快地為自己選了一個水藍色的購物袋和一頂鐵灰色的鴨舌帽。離開時他微笑地看著我，似乎是對我說謝謝。

＊＊＊

活動在假日市集持續將近兩小時之久，我們遇到很多熱情的朋友，帶來的二手物品也從三大箱快速地變成一小箱。雖然南半球一月的太陽毫不留情地把我們晒得汗流浹背、幾近脫水，但過程帶給我們的經驗卻是難能可貴。對於史帝芬與艾玲而言，他們在今天跨越了心中的障礙，勇敢地站在街頭表演，為自己、也為他人帶來許多快樂。對每一個停下腳步留下微笑的朋友，在他們離開時臉上仍可以看見微笑的神情。即便那些未參與的民眾，也是微笑地從我們身邊走過。這一次的行動，讓我們知道，快樂能量也是可以用很簡單的方式傳遞，而這股力量不僅讓自己的嘴角上揚之外，也感染著身邊的每一位朋友。

在活動結束前，有兩位女士走過來，其中一位女士對我說：「孩子，我坐在咖啡廳裡看到你做的事情，還有你為那位男士做的事，這是我看過最美麗的風景。你做了一件平凡卻很偉大的事。」

原來剛剛我與那位男士的互動，全被坐在咖啡廳裡的她看在眼裡。

「謝謝妳，我只是想在離開墨爾本前做一點特別的事。」

「哦！你要去哪裡？」

「我要搭便車去伯斯。」

「搭便車？天呀！那太危險了。」

「不會啦，我相信這個世界是美好的，就如同我遇到妳們一樣。」

她給我一個擁抱並開始為我禱告。

「上帝呀！請保佑這位男孩一路平安，他所做的一切不僅帶給我們快樂，也為世界帶來美好的一面……」這是我們第一次見面，對我來說她是陌生的，但她的舉動卻讓我明白自己是在做一件對的事，無論如何必須堅持下去。

註1 作者的英文名為Terry，本書內文中凡遇到是由他人提及作者，皆以中文譯名「泰瑞」來表示。

註2 換宿：意指以勞力換取免費的食宿。

“再平凡不過的自己，也有能力去幫助任何人。”

寂寞公路

「殺人魔經常在路上搜尋目標，專門挑背包客下手，至今已有十人受害，僅有一人幸運逃出。」

她轉頭看著我。天呀，如果她是那個殺人魔，那我要成為第二個幸運逃出的人才行。

此時我的心跳聲已經大到可以打破空氣中的寧靜，手汗也像水庫洩洪般從緊握的拳頭中傾洩而出。

站在艾爾高速公路旁，我看著眼前綠底白字的大型路標：「往右—北領地，達爾文／往左—西澳，伯斯」。放眼望去，道路兩旁街景盡是黃沙塵土取代了稀疏平房，一場大旅行即將開始，莫名的興奮覆蓋內心的不安與惶恐。

我從來就不夠勇敢，害怕未知造成的傷害，讓我安穩地度過了二十九年的歲月，如果瑪雅預言二〇一二年是世界末日為屬實的話，那我必須承認，在末日來臨前，我不曾真實挑戰過自己的恐懼。重新審視過往，人生也只不過是一條平淡無奇的平行線，並未有深刻的畫面值得回味。而這一次的旅程，像是埋藏在內心深處的冒險血液驅使下做出的魯莽決定，我決定趕在勇氣消逝前踏出這一步，誠實面對心中恐懼。

我走到一棵大樹下，將所有行李放在路邊展示並高舉著寫著「伯斯」的大紙板，希望可以讓路過的車輛留意到一位來自外地的旅人想要搭乘便車。不一會兒的時間，一輛四輪驅動吉普車放慢速度停在我身後方約三十公尺處，從來沒有過搭便車經驗的我，不禁開始胡思亂想停下來載我的會是什麼樣的人呢？喝醉酒的駕駛？逃逸中的嫌犯？或是殺人魔？

一位女士從駕駛座走下車來向我靠近，她一臉嚴肅地問我是哪裡人？要去哪裡？為什麼搭便車之類的問題，調查之仔細彷彿就像是正在參加一場電視交友節目，讓我開始環顧四周是否有攝影機在跟拍。

她看來應該有五十幾歲，灰白的頭髮及嚴肅的神情下讓我無法猜測：她是個好心陌生人嗎？還是另有意圖的陌生人？我暗地祈禱，坐進車子裡。

「澳洲最近發生了多起搭便車殺人事件，你知道嗎？」她突然用低沈的聲音跟我說著。

「什麼？真的嗎？」這突如其來的話題，讓我腦袋呈現兩秒鐘的空白。

戶外將近攝氏四十度的空氣瞬間凝結，前十分鐘正為自己開心搭上一輛看似沒有威脅性的中年婦人的便車，現在因為這個話題開始讓我感到有些緊張，微笑回應的同時，左手也在找尋預先放在口袋的瑞士刀以防萬一。但此時的我卻怎麼也摸不著口袋裡的那把瑞士刀，似乎自己稍早之前把它放回背包裡了。挫賽！連最後一道防線都沒有準備好。

「殺人魔經常在路上搜尋目標，專門挑背包客下手，至今已有十餘人受害，僅有一人幸運逃出。」

她轉頭用依舊嚴肅的表情看著我。

天呀，如果她是那個殺人魔，那我必須要成為第二個幸運逃出的人才行。

此時我的心跳聲已經大到可以打破空氣中的寧靜，手汗也像水庫洩洪般從緊握的拳頭中傾洩而出。只見她看到我像顏面抽筋般的笑容後補上一句：「這件事是發生在東澳昆士蘭，人也抓到了。」

這一句的到來，才使得我那全身緊繃的肌肉得以放鬆，額頭上的

冷汗與手汗也得以止住。

她叫蘇珊，與老公從伯斯一起公路旅行到阿得雷德後，再搭船到澳洲南邊的心型小島塔斯馬尼亞，車上有帳篷、睡袋、鍋碗瓢盆……等，在他們旅行的期間，絕大多數都是在野外度過，享受自然原始般的生活。看著整車全套戶外露營配備，似乎是只要把糧食備好，就可以在荒漠待上一週甚至更久。他們此行的另一個目的是要在塔斯馬尼亞買一座農場，為兩人日後的退休做準備。聽到這裡我不禁好奇兩個人同行怎麼只剩她一人回來？我又開始胡思亂想。原來，在西澳大學任職教授的老公因為課程關係提前從阿得雷德坐飛機回伯斯，所以她只好獨自將車子開回伯斯。

在天黑前我們抵達條紋灣附近的露營區，她選擇住車屋為昨天的睡眠不足補眠，我則在附近的露營區搭帳篷過夜。分別前她告訴我，如果明天還想要跟她一起搭車去伯斯，可以讓我繼續搭便車。

與她幾個小時相處下來其實並未感到任何壓力或不自在，我無法預測接下來的旅途中是否可以繼續這麼幸運遇到像她一樣和善的女士，也讓我在心中掙扎許久，隔日是否要再搭上她的便車。

＊＊＊

隔天我起了個大早，馬上跑去確認蘇珊的車子在不在，深怕昨天沒有正面答覆，讓她誤認為我們從此分道揚鑣。走近一看，發現昨天停放車子的草坪上空無一物，這下我開始緊張了，再靠近時則聽到一個聲音規律地從車屋裡傳了出來。哈！是她的打呼聲！她的車子也停放在車屋後方並未開走。原本緊縮的括約肌也得以放鬆，決定在她尚未睡醒前，去廁所排毒減重先。

「我想喝杯咖啡再出發。」再次上路前她提出這個要求，為了今天要達成一千公里的目標做準備。車子進入高速公路後，眼前的道路像是沒有盡頭般的無限延伸，路旁也開始出現一些與卡車挑戰失敗的袋鼠標本（屍體）。

才上路沒有多久，車子彷彿進入了無人之地時，她突然把車子開往路邊停靠。

「怎麼了嗎？」

「我要尿尿。」

「我以為妳剛剛在加油站尿過了。」

「我是呀，不過早上喝的咖啡又讓我想要尿尿，到了這個年紀，

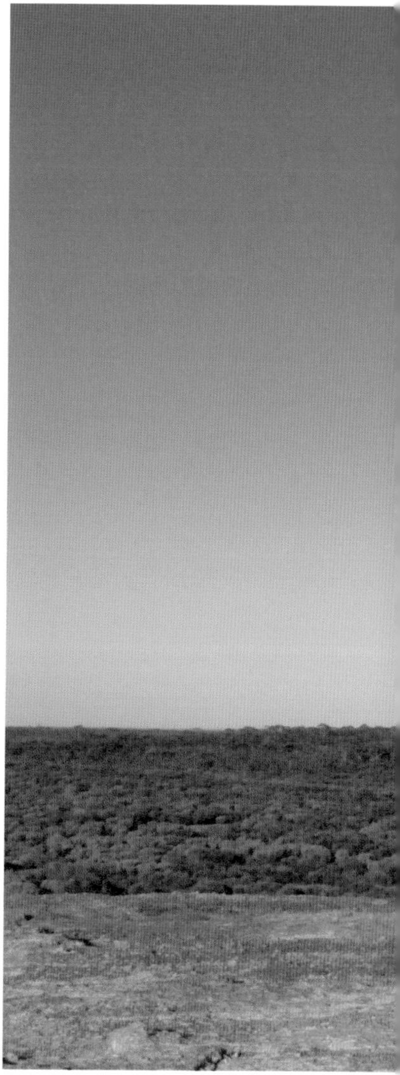

咖啡都是白喝的，一下就尿出來了。」

「……」

就這樣，她跑到車頭，我跑到車尾，一前一後地在荒漠中留下我們專屬的記號。

在荒漠中長途開車是一件極度無聊的事情，很容易讓駕駛進入神遊狀態，我用時速五公里的速度跟她聊天，也順便練習我那破爛英文，從近代史講到祖宗八代，從台北講到高雄，詞彙有限的我很快又沉默了。那時才真正地體會自己在學期間似乎太認真玩樂，卻沒有用功好好學習。

「泰瑞，你喜歡哪一種音樂？」

「都喜歡呀，不過也許現在來點搖滾樂會好一點。」

「正好，我這邊有非洲搖滾樂。」

「非洲搖滾樂？」

只見她熟練地在CD包裡面挑出一張CD放進音響中，強而有力的非洲鼓快節奏立刻從四面音箱傳出，音樂的節奏像是有種魔力似的，很快地也將身體的血液沸騰起來。

「哦——金勾——金勾巴——」，只見她開始隨著音樂哼唱。

「哦——金勾巴——金勾巴勾巴」，小小車廂內瞬間變成卡拉ＯＫ包廂一樣，只是少了麥克風跟炫目的燈光效果而已。這首歌似乎是打通她的任督二脈一樣，只見她又唱又跳地在車廂裡左、右搖晃，時而甩頭、時而聳肩，不知不覺地我也開始加入她一同跳舞。「左肩、右肩、搖擺你的身體」，兩個人就在小小的空間裡開始屬於我們的「第一屆澳洲車廂競舞大賽」。

＊＊＊

兩千多公里的寂寞公路大冒險終於在第四天抵達終點伯斯，當車子開往城市時，一旁的高樓與繁華的街景讓我有一種重見文明的感覺。而且僅靠一台便車就直達伯斯，突然想起自己的好運，是否因為幾天前在假日市集遇到的那位女士為我祈禱的關係才會如此順利。

抵達伯斯後，蘇珊馬上打了通電話給她老公，表明我們正在回家的路上。當電話掛斷時，她思念的情緒可以明顯地從車子在市區中飛快穿梭、完全沒有減速的跡象感受到。相反的，不知道她有沒有感受到我雙手緊握把手跟瞪大眼睛看著這一切發生的恐懼訊息？又或是我尖叫得

太小聲，她沒有聽到？

那晚我與蘇珊及她家人、朋友一起共進晚餐，我們大聊這三天以來發生的故事，包括如何從一開始的不信任變成只能依靠彼此的過程。敘述這些故事的同時，好像自己又再重新走了這一段旅程。

「謝謝你把蘇珊帶回到我身邊。」她老公對我說著。

「不，我才要謝謝她讓我搭便車。」

對我而言，他們才是給予者，無私地幫助陌生人。但對他們而言，這一路上單靠蘇珊自己駕車回來無法有這些精采故事發生，也可能無法順利回到家，這必須藉由另一個人或另一份力量，才能讓旅程圓滿，而我很幸運地成為他們口中的那個人。

人生不也是這樣？在你幫助別人的時候，似乎也正在幫助自己，這一趟旅程確實幫我上了一課。

離開前，我好奇地問蘇珊：「那天妳明明已開走，為什麼最後選擇停下來回頭載我？」

她說：「我不想活在一個害怕幫助別人的世界。」

“我旅行，
是為了不想忘記內在的熱情，
是為了尋找一種新的生活方式，
是為了讓生命產生新的故事！”

一路往北

對於一位給予我幫助的人，存在著懷疑的動機，如果是因為單獨旅行為了保護自己而產生的行為，那似乎是保護過頭，而我差一點因為一個背包讓彼此失去人與人之間最基本的信任。

在伯斯短暫停留六天，結束了定點蒐集微笑活動後，還來不及品嘗城市的美景與熱情，即再次踏上環澳之旅。為了爭取更有效率地搭便車，我刻意避開城市的擁擠，決定搭火車到喬達路普。那是一個距離伯斯市中心北方約三十公里處的車站，車站外有著各式各樣的商店，可以滿足接下來旅程所需的食物或日用品，最重要的是，它就座落在高速公路旁，就像是個休息站一樣，提供給長途開車的駕駛人短暫休息的地方。我樂觀地想像這裡猶如搭便車天堂一樣，有上千輛的車開往高速公路，不論是要北上或南下，在這邊停留的車輛，都有可能是要準備一段長途旅程，如果真的夠幸運搭上便車，那一定會往目的地大躍進。而會選擇來到這個地方搭便車，另一個因素其實只是單純因為朋友給了我一張類似悠遊卡的乘車票，裡面的餘額剛好足夠讓我搭到這裡，即便尚未搭到便車，光是想到自己能夠如此幸運，嘴角也不自覺地笑得快裂到耳朵了。

抵達喬達路普時已經是中午時刻，炎陽一點也不含蓄地將我的外衣全脫光，獨留一件小背心仍停在瘦不啦嘰的身軀上，肩膀上的背包有三分之一裝滿了食物，沉重到讓我邊走邊喘氣。此時的我只想要盡快找到前往高速公路的主要出口，把握與每一台車相遇的機會。患有極度方向感障礙的我，花了好長一段時間才找到開往高速公路的車道，趕緊把寫著「布魯姆」的大紙板展示在背包前。為了讓駕駛人更放心，我刻意將烏克麗麗擺放在背包前，想要傳遞「我玩音樂，我不壞」的訊息給他們。

過了中午用餐時間，駕車上路的人潮慢慢出現，偶爾有車從我面

前緩慢開過，好奇地探頭或與鄰座的朋友對話，但大多數的車輛還是會假裝沒有看見、快速離去。也許他們擔心與我眼神交會之後沒有讓我搭便車而感到內疚，也許他們只是來自鄰近的城鎮。

從伯斯到布魯姆，保守估計也要兩千多公里的路程，我意識到可能是因為目的地太遠，導致二十分鐘過去了我仍然站在原地，我決定轉換另一種方式爭取他們的注意，於是我趕緊在紙板的另一面寫上「北方」，希望每一位往北走的駕駛看到後都可以多花一點時間思考，即便只是前進一公里或是十公里，對我而言都是幫助。此方法果然立即奏效，一輛白色的休旅車放慢速度停在後方的枯黃草坪上，一位年約四十多歲的男子從車內豪邁走出來，從他的身型看起來大約有一百八十五公分，壯碩帶點略胖的身材就像隻大熊一般，初步估計在整個戰力分析上，我深深覺得如果遇到危險時自己似乎是毫無勝算。

「你要往北走嗎？」

「是的，我要往北走，你也是嗎？」

「是的，你要去北邊的哪裡？」

「我要去布魯姆。」

「布魯姆！」他提高音量重複一次。

他的眼睛突然睜得好大，好像是透露著「你這傢伙是不是頭殼壞去了？」的訊息。

「我要去卡拉沙，雖然不會到布魯姆，但也是往北，如果你要搭便車的話，可以載你一程。」

「哦，真的嗎？太謝謝你了。」

老實說，澳洲這麼大，對我而言也僅聽過幾個知名城市的名字，卡拉沙這個地名我壓根兒也不知道它在哪裡，但比起停留在原地被炎日燒烤，我情願被帶到一個新的環境試試，即便有可能只是前進十公里。

將背包放進他的車子裡時，看見有部分空間已被一些儀器、工程圖及他的行李占據，看到這個景象讓我突然放心許多。從這些儀器及一些他的隨身物品推測，他似乎是從事正當職業且可能會有數日在外地度過。

「我從來沒有看過有人在澳洲搭便車。」

「老實說這是我第二次搭便車。」

「你知道在澳洲搭便車是不合法的嗎？」

「不知道耶，那……你現在算是共犯？」

「不，我要送你去警局。」

語畢，我們相視而笑。

＊＊＊

聊天之後，得知格蘭特來自紐西蘭，因為工作機會的關係長期在澳洲居留並與妻小居住。

紐西蘭！這無非是老天爺對於我接下來要到紐西蘭打工度假前送來的一份大禮嗎？我像是中樂透般的如此幸運，趕緊抓著這次機會詢問他有關紐西蘭的資訊，為我即將展開的旅程做行前功課。這話題就像是引起他思鄉情緒，大方地跟我分享他對紐西蘭所熟識的一切。

格蘭特的公司為了節省開銷，特地派他開車北上到約一千五百公里遠的卡拉沙醫院，處理器材維修、檢查事宜，不過這一段路程可不是僅僅抵達卡拉沙而已，途中經過的杰拉爾頓及加拿芬都需要待上一天的時間在醫院裡順路檢修，所以他必須要每天開車到一個定點，然後工作，隔天繼續前往下一個定點。

聽到這裡，那是不是意指「如果我跟他一起同行，每到一個定點後，他去工作我去玩」，這樣的想像會不會太過美好了？不過這些假想僅止於腦袋裡，我並未說出口。畢竟我們才認識不到一個小時，我又要如何說服自己去相信一個陌生人的話呢？

當車子停在他第一個工作地點杰拉爾頓時，我們互留電話及約好見面時間後，正當我將行李從車上拿下時，他說：「你可以把背包留在車上，沒關係。」

當下也沒有想太多就接受他的提議，在他轉身離去後，我才意識到這會不會是我們最後一次見面，而他是否正在車子裡大笑，有一個來自台灣的笨蛋竟然把行李留在他車上。再次回過神想要找尋車子背影欲記下車牌時，發現為時已晚，我又不禁開始胡思亂想起來。

傍晚時刻，我坐在速食店裡等待時間緩慢地流逝，心裡的焦急也隨著時間拉長更顯得不安。在約定時間來臨前，我早已探訪過附近的廉價旅館，為最糟的狀況做了準備。

「我還在工作中，你好嗎？」在用餐人潮開始散去之時，他傳了一封短訊給我，讓我卸下了一整天的擔憂，同時也為自己以小人之心度君子之腹的心態感到愧疚不已。對於一位給予我幫助的人，存在著懷疑的動機，如果是因為單獨旅行為了保護自己而產生的行為，那似乎是保

護過頭，而我差一點因為一個背包讓彼此失去人與人之間最基本的信任。那晚我沒有跟他提及我曾經的猶豫，但在我的心裡面，已埋下了對他信任的種子。

＊＊＊

隔天我們依照他既定的行程趕路，離開城鎮的道路後，紅土像是永遠般的向前方無限漫延，我不知道下一個城鎮加拿芬到底離我們多遠，我只知道這千篇一律的景色，比我在就讀四技時主修到一門課時還要無聊，因為講師照本宣科地教學，讓我數度在課堂上打瞌睡的狀況再次上演。附著在我身上的睡意，就像病毒般傳染給格蘭特，在他第一〇一個哈欠出現時，我們決定先停在公路旁的加油站買杯咖啡提神。座落於荒漠中的加油站外觀雖然不夠華麗，也沒有豪華餐點可以享用，就連沖泡咖啡都讓人無法品嚐出它的美味，留在味蕾上的只剩像沙土般的苦澀。但在這資源匱乏的地帶，即便只是享有一個冷凍肉派，搭配一杯不同於白開水的飲品，都覺得是件奢侈的行為，突然想起自己在台灣是多麼地幸福卻不自知。

重新出發時，我跟格蘭特分享台灣的特有現象，就是便利商店隨處可見，密集度更可喻為世界第一，別說台灣人，連國外來玩的朋友都可以靠便利商店過活，且服務內容包羅萬象，幾乎是想得到的應有盡有，對於忙碌的都市人而言，如果還有托嬰服務那就更完美了。

「嘿！泰瑞。」

「怎麼了？」

「我剛剛把加油站提款機內的錢全領光了，有沒有屌！」

「超屌！那你是領多少錢？」

「裡面只有一百元，全被我領走了。」

「聽起來似乎沒有這麼屌耶！」

這就是長途開車的樂趣，再冷、再無聊的事都可以拿出來講。

＊＊＊

在我們進入卡拉沙之前，格蘭特刻意將車子開至丹皮爾，為我介紹這個地區特有的紅狗背包客「真狗實事」傳奇事蹟。原來早在七〇年代時，就有一隻澳洲牧羊犬與黃牛犬的混種狗，似乎為了找尋因意外過世的主人而開始搭便車旅行，旅行路線幾乎遍及西澳大半個荒漠後再次回到丹皮爾，最後停留在主人的墳前安息了。紅狗的事蹟因此傳遍各

地，成為無人不曉的狗，最後當地人為了紀念這隻忠犬，特別在丹皮爾設立雕像紀念牠傳奇的一生。

格蘭特告訴我，紅狗搭便車找尋主人和我搭便車蒐集微笑的事，雖然是兩段不同的故事，但我們卻同樣因為這樣的旅行方式而在路上認識許多的人、遇見許多的事，不管最後的結果是如何，我們都為生命留下特別的故事，對自己或對他人，都是如此珍貴的經驗與回憶。

“我一直以為獨自旅行，是想為自己的生命留下不同的經歷與故事，從來沒有想過其實自己也正成為他人生命中的一個片段。
到現在才真的發現，原來一個人的旅行不只是在自己的世界留下軌跡，而是在每一次與他人相遇的時空下產生了兩個故事。”

原住民的十五元

當你有能力為他人付出時你就是富有的，當你無法給人愛時才是真正的貧窮。

清晨六點，西澳與北領地交界附近的霍爾斯克里克正呈現極度乾熱狀態，累積一整夜的多慮因為陽光灑進帳篷後而煙消雲散。

想起昨天搭便車到這裡時已是下午時刻，看著城鎮中唯一的警局，因為人力不足而貼上暫停服務公告，不禁擔憂起如遇到狀況時誰能出手救援呢？在旅行前就有聽朋友提起「愈往北方走，其犯罪率也會明顯增多」，這讓我更隨時提醒自己，獨自旅行需要更加小心，畢竟再怎麼樣愛冒險，也要平安回家。

依著當地的告示，決定這天就落腳在大北方高速公路附近的露營區，才剛踏進裡面，就看到角落已有一個大帳篷孤獨地佇立在那裡。帳篷旁坐著一位頭髮略顯凌亂的中年人，正在閱讀著手中書籍，今晚他可能是我唯一的鄰居。我走向前與他攀談，希望早點熟悉當地環境之外，也許人在外頭如果有遇到任何問題的話也可以互相照應，但沒想到這卻是讓我徹夜難以安然入睡的最大起因……

「嗨，我可以將帳篷搭在你旁邊嗎？」

「當然可以！」

他是位年約四十多歲的白人，金黃色的頭髮夾雜些許的灰白髮，消瘦的臉頰上蓄著稀疏的鬍子，配上他那帶點空靈的眼神，讓人有種不寒而慄的感覺。

而他的帳篷就搭在自己的小客車旁，我留意到地上的雜草已覆蓋輪胎大部分的面積，不禁好奇詢問他到底在這裡待多久了。

「你來這裡很久了嗎？」

「我在這邊住兩個月了！」

到底是什麼人會在一個露營區裡住上兩個月，這引起我的好奇心

FOR TANAMI & DUNCAN/BUNTINE
HIGHWAYS
ROAD CONDITION
ON THOMAS STREET PH. 9168
LOCATED BEHIND VISITORS CENTRE
STATION CLOSED
DUE TO OPERATIONAL
REQUIREMENTS
FOR URGENT POLICE
ATTENDANCE
CALL 9168 9777

Town Talk
HALLS CREEK WALK

繼續追問下去。

「這個飲料請你喝。」他熱情地從帳篷裡拿了一瓶類似提神飲料的東西給我。

「謝謝，對了，請問你怎麼會在這邊住這麼久？」

「我在寫一個小說。」

「什麼類型的小說？」我一邊問一邊大口咕嚕喝著他給我的飲料。

「關於謀殺類型。」

講完後，他微微抬起頭對我笑，那個笑容顯得有些陰柔，我差一點就把剛剛喝進去的飲料吐出來。

「這個區域常發生旅客突然消失的案件……」他繼續描述小說中令人害怕的細節。

恐怖驚悚類的故事從來就不是我的最愛，即便母親生育給我一百九十公分的身高，但在身體內的膽容量似乎跟身高不成正比。我試著轉移話題，並表示自己睡覺時鼾聲如雷，擔心影響他的睡眠，遂將帳篷移至別處。不管他口中的故事是否屬實，但這一段短暫的對話已將我的恐懼推到極點。

隔日我匆忙收拾行李後，帶著一夜無法入睡的沉重身體快步走至外頭的加油站旁，希望今天可以順利抵達下一個地點：庫努納拉。尚未到達加油站之前，在遠方已可以看到那裡早已聚集了五、六位澳洲原住民，或坐或躺的，相當隨性，身邊還有數個啤酒空罐子倒臥一旁，突然令我想起自己剛來澳洲時在達爾文時看到的特殊景象。那些似乎整日無所事事的原住民街友，總是因為喝太多而不小心就在大街上睡著，而那些看似隨時都宿醉未醒的街友，偶爾會給來往的路人不友善的言語對待，磨練其忍耐度之外，甚至還會看到兩個喝醉的街友在街頭互相叫囂，彷彿正準備爭奪新一代的街頭霸王的殊榮。我刻意選擇離他們遠一點，以免在這邊上演中國功夫與街頭格鬥互相切磋的戲碼。

***

帶著樂器旅行最大的好處，就是可以讓心情隨時保持愉快，讓等待的過程不會因為無聊而感覺漫長，特別是當你置身於荒郊野外時。我一邊彈奏著烏克麗麗，一邊留意是否有車子經過，隨著等待的時間拉長，愈來愈多的原住民也開始從四面八方湧入加油站，我禮貌性地向每位路過身邊的他們打招呼，他們也會友善給予回應，甚至有些人會配合音樂節奏搖擺著身體，從我面前跳舞經過，也許是時間過早，又或是他們沒有宿醉未醒，感覺他們似乎跳得有些含蓄。我開始喜歡上這樣單純的互動，等待也不再是那麼地無趣。這樣的情景一直持續約莫三個小時，一位年約六十多歲，穿著淡藍色襯衫、留著一頭長白髮的原住民，主動在我面前停下來向我攀談。

「你手中的是吉他嗎？」

「是烏克麗麗，你玩過嗎？」我順手遞給他。

只見他熟練地將手指放在琴弦上滑動跟彈奏，一些簡單的和弦聲很自然地從琴身中流出，他似乎曾經也有接觸弦樂器的經驗。我驚訝自己在荒漠之地也可以遇到同好，興奮地問他是否曾經玩過任何弦樂器。他笑著回答早在一九七三年就接觸過電吉他，玩了一陣子之後就沒有再碰了。原來他曾經是個不折不扣的搖滾樂手，現在的他偶爾仍會把玩吉他，但大部分的時間致力於藝術創作，也讓內心兩個衝突的靈魂在身體裡面和平共存著。

「你要去哪裡？」

「我要去庫努納拉。」

NORTH

PERTH 2240 KMS
EXMOUTH 1502 KMS
KARRATHA 934 KMS
PORT HEDLAND 710 KMS
PARDOO 555 KMS
SANDFIRE 417 KMS
BROOME 166 KMS
ROEBUCK 132 KMS

DARWIN 1709 KMS
KATHERINE 1395 KMS
KUNUNURRA 884 KMS
WYNDHAM 895 KMS
TURKEY CREEK 688 KMS
HALLS CREEK 525 KMS
FITZROY CROSSING 230 KMS
DERBY 56 KMS

「那可是非常遠的一段路，怎麼不坐車呢？」
「我沒有錢。」
我撒了一個小謊，為了讓自己看起來像個窮酸背包客，還故意把褲子的破洞展示給他看。
「可惜我的車借我兒子了，否則我很願意載你一程。」
「沒關係，我可以再等等看。」
我們很自然地打開話題，不知道聊到什麼，他得意地跟我分享自己擁有七個小孩以及十一個孫子。面對這龐大家庭成員的驚人數字，我開玩笑問他有幾個老婆，只見他大笑回答：「為了讓自己可以活久一點，所以只有一個。」
「你要不要喝點什麼？」他指了旁邊的加油站，示意可以幫我買。
「可以幫我買一瓶可樂嗎？」
他再次回來時，帶著兩瓶可樂及兩串熱狗。
當我把錢遞給他時，他笑著說：「不用，我請你。另外這十五元也給你，你可能需要它。」

他突然的舉動讓我頓時意識不過來，在澳洲一年多的時間裡，我所接觸到的資訊是大部分的原住民薪資水平都低於非原住民，加上文化的斷層，導致他們的教育水平與生活水準普遍較低，雖然這個資訊不一定正確，也不一定是所有原住民遇到的狀況。我從來就沒有想過從任何人身上得到金錢幫助，尤其是從一個素昧平生的人手中。再次回過神時，我趕緊跟他說可樂跟熱狗我可以收下，但錢我不能收。他看得出來我的堅持，在離開前他對我說：「如果你明天還在這裡的話，我一定會載你去庫努納拉。」

＊＊＊

當天，我幸運地搭上往庫努納拉的便車，在那裡沙發衝浪時，我對沙發主分享關於來到這裡之前與原住民的互動經歷，但他卻嗤之以鼻地表示：「原住民只會從你身上奪取財物，並不會給你他身上的財物。」批判的同時，也氣憤表示自己家裡曾經遭受原住民竊取財物，包括他的車子停放在公共停車場時，也遭受破壞的經驗。當他在敘述這些事時，彷佛在訴說著全澳洲的原住民都是壞人一般，我告訴他我很難過聽到這樣的事，並曉以大義地告訴他不是人種的問題，而是環境造成的

後遺症，希望他不要因為幾次不愉快的經驗而以偏蓋全。只見他若有所思地沉靜下來，又或許是不想讓彼此的關係僵化而不再談論此事。

雖然早在旅行前就聽過許多澳洲原住民的負面訊息，也看過他們在街頭上無所事事，成天鬧事的情形，但我始終相信那只是部分的個案，而非全部。不管是黑人、白人、黃種人，在世界各地一定都會有這樣的狀況存在著，我們不該只是用先入為主的眼光，看待那些素未謀面的陌生人，這樣似乎對他們太不公平了。如果試著讓自己站在他人的立場著想，用平等及尊重的態度來看待彼此，那你就不會對這個世界有太多的歧見。

不論最後沙發主是否會因為我的經歷，或我的一段話，而對原住民有一絲絲的改觀，但我知道這一天，那位原住民朋友凱文，他著實為我上了一堂課。他手心的溫度，讓我知道不論自身的經濟狀況如何，當你有能力為他人付出時你就是富有的，當你無法給人愛時才是真正的貧窮。

“在羨慕別人能背起背包之前，
你是否曾問自己下定決心過嗎？
那些走在路上的人，
是曾經面臨多少次的人生抉擇點而選擇勇敢改變？
沒有什麼比發掘生命的可能性還重要的事了！
如果，你因為害怕或因為太過安逸而停滯不前，
那其實活著跟死著沒有太大差別。
生命真正給我們的意義就是去創造它給予的價值，
去看這個世界，去體驗這個世界、去感受這個世界。
去了解、去體會自己存在這個世界的價值是什麼，
而不是讓社會、世俗去定義你的價值在哪裡！
所以，大膽地出走，去找尋生命賦予你的價值，
去發掘人生路上那些等著「被打開的禮物」！”

遭劫後的計程車

你無法預測讓我們搭上車的是好人或壞人，而計程車司機也無法知道下一個人是否會對他不利。不論是載人或被載，別因為一些個人的不當行為而讓自己喪失了對他人信任的能力。

達爾文位於凱瑟琳北方約三百公里，也是我此次搭便車旅行的最後一站。聽聞背包客棧老闆年少時期也常搭便車往返兩地間，對於什麼地點易於攬到便車也是頗有經驗。熱心的他聽到我要搭便車去達爾文，馬上把該城鎮的地圖攤開，迅速地指出一個連當地人也讚不絕口的搭便車好位置給我。依照他的指示，我來到了阿恩特路與斯圖爾特高速公路的交叉口，這裡前方面對的是一座長約兩百公尺、平坦無比的水泥橋，後方則是看不到盡頭但卻是通往達爾文必經的斯圖爾特高速公路。依照慣例，我將所有的行李展示在路邊，自己則是直挺挺地站在行李後面，手拿著標示「達爾文」的大型紙卡，搭配上看似有點傻憨的招牌露齒笑。一個小時很快地過去了，我仍站在原地沒有前進任何半步，嘴裡也多了一些車子快速通過時揚起的塵土，而太陽也開始隨著午日的接近，更大方表達愛意，腋下毛細孔也不吝嗇地熱情回報。

從墨爾本到伯斯，從伯斯到凱瑟琳，這一路的搭便車經驗，早已讓我對站在路上被駕駛人忽視的這件事習以為常，想起兩天前欲從庫努納拉搭到這裡時，因為地屬偏僻，加上前後數百公里之內幾近不毛之地，在炎日下苦等逾六個小時才搭到車的經驗，好似也為自己的「等待」功力往上提升數個等級，如此相較之下，似乎短短一個小時的等待也並不覺得漫長。

＊＊＊

對於誰會停下車來載我一程，我從來不預設立場，不論是一般房車、卡車、貨車甚至公車經過時，我都會讓他們看看我那可愛又俏皮的大姆指。但這次出現在我前方的是一台白色的計程車，我心裡非常明白，此類型的車停下來的機率可能比自行車還要低，便默默地把手收了起來。令我意外的是，他卻緩緩在我面前停了下來。從窗戶探出頭來的

DARWIN

DARWIN

1
City Centre
Port of Darwin
McMINN ST
PowerWater
DIVERSION OF
LARRAKEYAH SEWAGE
STAGE 2
CONTRACTOR: MACMAHON CONTRACTORS
CONSULTANT: SINCLAIR KNIGHT MERZ
SKM

是一位年約五十歲、表情略顯嚴肅的白人。

「你要去達爾文？」

「哦，是的，我要去達爾文。」

「上車吧！我載你一程。」

不是吧！計程車要載我一程，計程車耶！！會不會跟我收錢呀？自己又開始不斷地在內心揣測，同時一邊把行李放進他的車裡一邊盤算著，如果待會兒他跟我開價收費時我該如何應對。

就當我坐進車裡時，他即開口：「一般來說從這裡到達爾文是一百至兩百元。」

來了、來了，果然是上了賊車，要跟我談價錢了。

正想把剛剛在內心演練一百多次的對話說出口時……

「但今天免費。」

免費！！我完全無法反應剛剛聽到的是幻覺還是什麼狀況，腦袋瓜裡大概又花了兩秒的時間翻譯所接收到的訊息，然後吐出一句：「哦！太謝謝你了。」

原來又是一次想太多的狀況劇出現，鬆口氣的同時，也為自己最後一段路竟是搭到計程車而感到開心不已。

經聊天過後得知，原來艾迪是要前往達爾文醫治受傷的手，起因是在兩天前的夜晚，當他在凱瑟琳市區載了三名原住民的乘客時，一行人上車後不斷變更目的地之外，還一直用怪異的眼神看著艾迪，此舉讓艾迪感到很不自在，但也沒想太多，最後他們三人卻在一個暗巷前對艾迪動手行搶。他開始描述整個打鬥過程，整個情節像是好萊塢的電影一樣精采。期間他為了反抗而弄斷了右手三根手指，他一邊說一邊把那三根呈現不自然彎曲的手指給我看。我也用扭曲的表情告訴他「眼前這個畫面我無法接受」，但他卻好像打了一場勝仗一樣，驕傲般的繼續在我面前展示……

當我問他未來是否會拒載原住民時，他說：「開計程車的我們是提供一項服務給乘客，我們無法預測下一位上車是好人或是壞人，而我們能做的就是幫助那些人到達目的地。但我並不會因為此次經驗而拒載原住民，畢竟那只是個人的行為。」

是呀，仔細想想，當我們在搭便車或搭計程車時，我們無法預測讓我們搭上車的是好人或壞人，而計程車司機也無法知道下一個人是否會對他不利。不論是載人或被載，別因為一些個人的不當行為而讓自己喪失了對陌生人信任的能力。

“如果因為害怕，而將內心與這個世界築起一道牆，不願意讓外界進入自己的生活，對他人不再信任，那麼又要如何找尋幸福呢？”

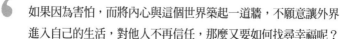

知足

一位男士留著誇張又性格的鬍子，他推著超市的手推車向我走來。「你好，我叫諺。」一排潔牙頓時將嘴邊濃密鬍子撥開，釋出滿滿的善意，這是我們第一次見面。

經過一百多天的環繞澳洲之旅後，即將在布里斯本畫上句點。會再回到這裡，除了一圓自己的環澳蒐集微笑的旅程之外，也是為了與當時極為照顧我的朋友諺再見一面，並向他送上遲來的婚禮祝福。

還記得第一次見面時大約是一年半前，當時因為工作關係前往布里斯本北邊約五百公里遠的荒郊野地，而離工作地點及宿舍最近的小鎮叫班達堡，往返大約需要三到四小時的車程，與雇主約好在Woolworths（類似台灣的家樂福連鎖量販店）碰面，那也是所有員工平均每週一次的放風機會，讓員工可以接觸文明，看看外面世界及採買食物或日用品的絕佳時機。

與雇主會面後，我留意後頭跟著幾個亞洲面孔的男子，詭異的是這群男子全部都留著鬍子，或長或短，似乎是在競賽一般。其中一位鬍鬚男主動與我打招呼，他就是諺，是未來的工作伙伴也是室友。在非常有個性的鬍子下藏著一口白得發亮的牙齒，每次看到他的白牙從鬍鬚間露出時，彷彿像是撥雲見日般的閃閃發光。剛見面時，他很友善地給我一些採買食物的建議，並告知下次再出來可能是一週或是兩週之後了。聽起來好像接下來我們會與世隔絕一樣，必須要備好充足的糧食才有辦法在荒野中生存。

到達工作地點時，眼前的場景的確如他口述的情境一樣，也比我想像中的荒涼許多。那是個華人經營的蝦子養殖場，宿舍就在加工廠房旁邊，十來位的員工清一色都是男生且都是台灣人，現場極致的陽剛味讓我感覺就像二十歲當兵時剛踏進成功嶺一樣，只不過這次不用穿迷彩服，也沒有那些以為我們患有重聽、到處吼叫的教育班長。

洗手間與浴室同在一個建築物內，部分位置開了天窗，讓陽光或雨水可以肆無忌憚地闖入，而這裡也正好是青蛙與蜘蛛們繁衍後代的最佳大本營。不論是洗澡、上廁所總會覺得四周都有眼睛盯著你看，我常

自戀地想像自己是個超級巨星般，接受萬眾矚目的愛戴，每次上廁所或洗澡都會莫名地擺上幾個簡單的姿勢享受這不真實的快感。

我與諺被安排在冷凍包裝生產線上，他比我早來一些日子，在工作上總是耐心地分享他的經驗，讓我這個門外漢很快地就進入狀況，也少了一些面對老闆白眼的機會。

＊＊＊

與諺再次見面時，我曾經一度懷疑自己認錯人，這白淨小生似乎與我認識的大鬍子有落差，還好他那一排潔牙喚起我的記憶。自從他離開工作之後，便與女友結婚定居於布里斯本，那天是我第一次與他老婆珍妮絲見面。她比我想像中還要熱情，即便我們是第一次見面，卻可以像個久未重逢的老友般似地話家常，也許她早就從諺的口中聽到過許多我們在工作或私底下不為人知的故事，自然對老公的這位朋友一點也不陌生。

珍妮絲是個移民到澳洲的台灣人，也是虔誠的基督徒，熱愛剪髮的她在二〇〇七年就學期間到處幫人義剪，她溫暖的內心與開朗的個性讓人相處起來沒有壓力。她畢業後在政府部門上班，但仍利用晚上及假

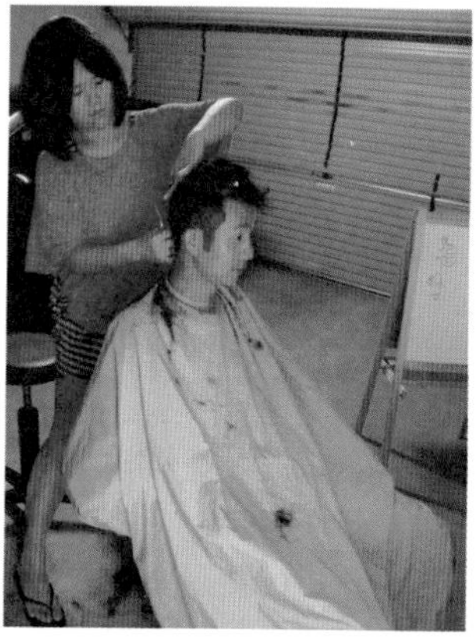

日經營自己的美髮事業，可是夢想與現實的拉扯讓她不得不放棄美髮事業。接下來的日子她大可繼續抱著公務員的鐵飯碗安分地過日子，但這樣的生活在午夜夢迴時仍依舊掛念著自己曾經的熱情。最後在夫妻倆商議下，決定重拾自己的興趣與熱情，將公務員工作辭去並專心經營美髮事業。看著他們敘述著一路走來的故事，對經歷過的苦難都是用微笑面對，即使少了公務員優渥的待遇，即便生活多了些許困苦，但現在的他們踏實、快樂許多，這樣的勇氣與堅持又有多少人可以做到。

***

「泰瑞，明天有沒有什麼計畫？要不要跟我們一起去教會？」

對於宗教活動我從不排斥，在台灣工作期間也曾參加過教會活動，但在澳洲還是第一次，好奇國外的華人教會如何運作，便答應他們的邀請。

隔日，教堂入口處旁的長桌上擺滿了許多教會相關資料，我隨手拿了一張Ａ４大小的文宣，沒有華麗的包裝，內容只有活動時間表及一篇短文，簡單看過後即收入口袋與諺一起認識新朋友，教會內所有的活動就如往常一樣進行著。在眾人唱著詩歌的同時，我看到諺閉上眼睛投入地與其他人一起合頌上帝的景象，感謝著自己所擁有的一切，那種知足的信念像一股暖流傳遞至我的內心，這個畫面是如此地簡單，卻著實地感動著我。

結束後他特地為我介紹另一位來自紐西蘭的華人里安，曾在紐西蘭就學的里安知道我即將前往紐西蘭後給了很多建議，讓我減少了許多出發前的不安感，也感受到華人在異地互相照顧的溫暖。

我發現這一段環澳旅程遇見許多好心人不求回報地給予幫助，而這些幫助我的人並非家境富有，卻慷慨施捨自己所擁有的，你也很清楚或許永遠也無法報答那些曾經幫助你的人。

兩年的澳洲打工度假之旅，讓我重新思考給予的意義。人生的價值不是取決於擁有多少財富，而是取決於你幫助了多少人，讓那些曾經受到你幫助的人成為更好的人！

再見澳洲，再見從前的我。

“為了夢想，勇敢地傻一次，
未來的你，就會感謝現在的自己！”

02

紐西蘭

旅行，
從來不是為了要征服世界或是炫耀護照多了幾個圖章。
只是想要用身體去感受世界的不同，
讓血液為下一個腳步真實地流動，
讓思想找到空間可以解放，
讓自己可以更像自己一點。

上帝埋下伏筆

坐在我旁邊的葉祖，說起中文有濃厚的香港口音。在她臉上大大的微笑及藏在眼鏡背後瞇成一線的小眼睛中，看到她熱情大方的一面。對於素未謀面的我十分照顧，而我們之間竟有著一段很奇妙的連結。

飛機伴隨著巨大的聲響離開了地平線，窗外高樓也變得像模型玩具一樣迷你。

等繫緊安全帶的指示燈熄滅後，拿起事先準備的書閱讀，隔壁看似亞洲面孔的女士留意到我手上的繁體書，好奇地詢問是否可以說中文，得知我來自台灣後，興奮的她笑得更開心了。身材矮小的葉祖總是對我抱以燦爛的笑臉，看她的年紀，猜測應該與家母相仿。來自香港的她同時也是個澳洲媳婦，定居於澳洲前曾在香港從事演藝工作，那段期間與知名音樂人鮑比達共事，也曾為張衛健主演的港劇〈西遊記〉片中曲填過詞……等，諸如此類讓我讚嘆不已的事蹟。可是有一天她卻發現這並不是她要的生活，似乎自己也對曾經擁有的這些光環不再眷戀。在她的內心深處非常清楚自己適合什麼樣的生活，想要什麼樣的人生，聽到這裡似乎與當初自己離開台灣有一點共鳴。

＊＊＊

記得兩年前，我原本也是計劃在當時任職的公司闖出一片天空，享有優渥的待遇，而且做一輩子。但在二十九歲正式來臨前，我發現自己的人生，似乎還有比現在這份工作更重要的事。就像身體裡面遲來的叛逆向我招手一樣，重新引起我對這世界的好奇心，渴望看到自己未來更多的可能性，而不是安分地待在原地度過餘生。如果過了三十歲之後，我不曉得自己是否還能保有此時此刻的熱情與衝動。即使在那個時間點再出發的話，我的心境會不會有所不同，又或者我還有勇氣離開嗎？

我知道在這個年紀做這件事情有點魯莽，但我非常明白，工作沒有可以再找，但如果再過幾年，年紀漸大，夢想再不付諸行動的話，可能就錯過，以後也沒有機會了。

想起電影〈練習曲〉的台詞說著：「有些事現在不做，一輩子就不會做了。」

我決定丟掉名片，放下一切重新歸零，前往澳洲。

現在，兩年過去了。

如果你問我：「這些年在外面得到什麼？知道自己要什麼？」

我會笑著對你說：「這些年我只知道得到的比失去的還多，也許還無法明確知道自己未來要什麼，但我知道我不需要什麼。」

＊＊＊

「泰瑞呀，我看你滿年輕的，以後妳就叫我阿姨，我就叫你外甥這樣比較親近一點。」

也許是話題與磁場特別契合，也許是她的熱情感染我，我接受了她的提議。

開心的她似乎為了要紀念這特別的機上之緣，立刻轉向空服人員買了兩碗杯麵與我來一段泡麵結義。

飛機預定抵達基督城的時間是晚上十一點半，出發前已事先在網路上爬文機場睡覺攻略，對於像我這種預算有限的背包客而言，可以在機場任何一個角落輕易入睡為必備技能之一。當我告訴她接下來的機場過夜計畫時，母性本能的她再次提出一項驚人的提議。

「我有訂 B & B（Bed and Breakfast），如果是一張床你就睡地上，如果是兩張床就一人一張。」

雖然自己曾經有幾次沙發衝浪的經驗，但這樣的邀請還是第一次。

「沒關係啦！我睡機場就行了，明天再坐早班車到市區找住宿即可。」

「外甥呀！這個住宿的錢都已經付了，你也可以省下費用。」

她看得出來我的表情有點猶豫時，再次補充不會跟我收錢，也可以讓我免於克難睡機場的窘境。

在與她相處的幾個小時還算愉快，聊天之中也沒有長輩、晚輩之間的隔閡，再加上不忍自己口袋中那羞澀的荷包再消瘦下去，我又再一次接受她的提議。

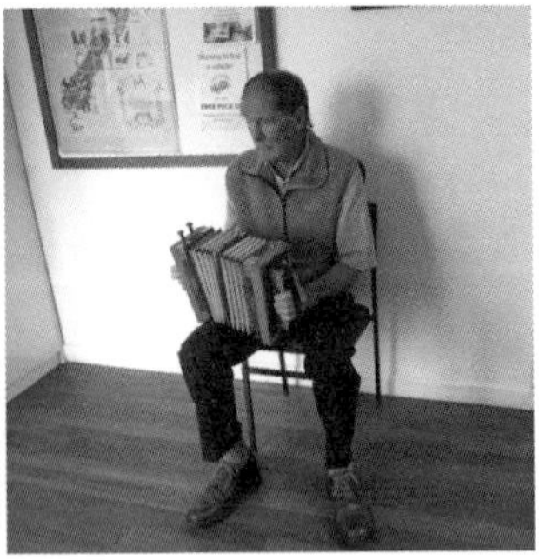

入夜後的基督城比想像中的還要寒冷，走出機場大廳時已遭到兩個噴嚏的突襲，地震造成道路顛簸，讓巴士像個小船行駛在滔天巨浪中晃動不已，在深夜裡沒有什麼比未知更可怕了，詢問司機才得知這裡一年前曾發生芮氏規模六點三級的大地震。對於不曾發生過地震及許多房屋在興建時都未考量防震的基督城而言，造成非常大的傷害，直到現在仍有房屋及道路在拆除整修中，在尚未看到景象之前我只能憑靠著想像猜測。

我們入住的B&B座落於新布賴頓海邊附近，那是一個看似有點歷史的兩層樓房，外觀上看起來沒有因為地震的關係造成明顯破損讓我放心許多。在一樓大廳牆上懸掛著許多畫作，像個小型藝廊。幸運地，我們入住的房間有兩張床，葉祖考量我的身高，自己挑了個靠窗邊的小床，而把大床讓給我。

旅店是由兩名年屆七十歲的兄弟經營，熱情的屋主甚至在我們抵達隔日，以一把在二手市集挖到寶的「百歲迷你手風琴」，為我們演奏幾首輕快的波蘭民謠舞曲歡迎我們到來。

***

「阿姨，妳是基督教徒嗎？」我留意到她拿著一本看似聖經的書籍。

「是呀，你也是嗎？」

「我不是，但我有個東西想跟妳分享。」

隨後我轉身跑回房間，將那天在布里斯本教會上拿到的文宣遞給她。

「阿姨，這是我在澳洲參加教會聚會時拿的文宣，裡面的文章寫得不錯，跟妳分享。」

將文宣遞給她之後，我就離開到街上辦理一些銀行及工作稅號文件的事務。

走在那個僅僅一百公尺的商店街上，看著道路兩旁殘破不堪的建築，我才意識到昨天司機與我們敘述的狀況。在這裡部分商店因為地震的關係，外圍拉起黃色警戒線封鎖，有些則是被迫搬遷，只剩幾個零星的店面仍在經營，他們堅守伴隨自己一生的土地。這裡已經是距離地震中心好一段距離，但周遭所破損的情況，讓我開始擔心市中心的狀況是

否會比眼前的景象更嚴重。

我再次回到旅店時，葉祖仍坐在大廳讀著她帶來的那一本聖書，她看到我回來時非常興奮地抓著我的手，好像急著跟我分享什麼趣事地將電腦的畫面打開，並告訴我：

「泰瑞，我平時就要求自己定期撰寫文章上傳到網路，幾週前我寫的一篇文章內有一句話引用自聖經『以賽亞書 55:8-9』，正巧與你給我的文宣中其中一篇文章引用的經文一樣。」

人家說雞皮疙瘩是誠實的，當我聽到她敘述這出乎預料中的巧合時，我的眼淚及雞皮疙瘩在不知不覺中像是約定好一樣，在身體真實地反應出來。

我們無法解釋這超自然現象的巧合，但我們明白人生的旅途中，有很多事都是冥冥之中自有安排，當你決定選擇走上哪一條路時，旅途上的風景、遇到的人、面臨的事似乎已經注定。每一次的選擇都是為下一段故事預先埋下伏筆，只是你永遠不知道它何時會出現。

“人生充滿著選擇，每一個決定都關係著下一步的風景，包括你要怎麼選擇用什麼樣的情緒及面向去看待事情。
我們一直都在選擇，雖然不是每一次都是正確完美的選擇，但你可以選擇用什麼方式去過你的人生。”

微笑的力量！

微笑可以帶來正面能量感染他人、幫助他人重拾希望。看著他們開心地留下微笑的同時，連我自己也被感染，我覺得在那個當下，互不相識的陌生人一起攜手為他人付出的感覺是一件快樂的事，即便我們只是提供一個微笑。

我站在基督城市中心一旁的卡瑟爾街上，那裡也是一個由數個色彩鮮豔的大型貨櫃屋搭建而成的商場：「重生廣場」，在這裡你可以看到滿是特色的小店之外，也有銀行、咖啡及服飾……等，為的就是希望重新凝聚觀光人潮。可是，再往前走一百公尺到卡瑟爾街的盡頭處時，映入眼簾的是約有兩米高的鐵欄杆，向左右兩邊無限蔓延般的將整個市中心包圍，那裡是地圖上指出的紅色區域，也是二〇一一年二月二十二日發生強震的中心位置。整個地區的建築物都遭受強震的無情摧毀，包括人民的信仰與心靈慰藉的基督城大教堂也被震垮，而在其周邊的毀損民宅及辦公大樓正被大型機械緩慢地拆除破壞。原本歡愉的氣氛在這邊也轉換成沉重不已的氣息，笑聲不在了，聽到的只剩下大型機械不斷在拆除的聲響，空氣中似乎多了一份孤寂。

想起一九九九年九月二十一日台灣也曾經發生過芮氏規模七點三級的地震，那份天搖地動的恐懼到現在仍心有餘悸。有過這樣的經驗之後，更知道災後重建是條漫長難走之路，但身為一個打工度假的背包客又能為這座城市做些什麼？

「為基督城蒐集微笑吧！」一個潛在的聲音從內心傳出來。

是呀！我在澳洲已有過蒐集微笑的經驗，也在街頭上得到許多不錯的反應，這一次就讓我為基督城蒐集微笑。我開始在想一個計畫，想著如何利用這一年打工度假的時間，在走訪紐西蘭各地的同時也在各城鎮蒐集微笑，並把那些蒐集到的正面力量全部帶回到基督城，將照片印刷出來貼附在那些圍繞在市中心的鐵欄杆上，也許這個方法可以讓每一個人重新轉換心情，不論是對當地居民或是旅客，都能一掃陰霾，把陽光留在心底。

＊＊＊

再次回到這個地方已是三天後，我帶著自己製作的看板與可以準備讓人留言的白板來到卡瑟爾街上，此時我的心情其實是既興奮又帶點緊張，我不知道別人會怎麼看待我，也擔心這件事會不會為基督城的居民造成困擾。但我真心地想要為這個城市做一點事，不管蒐集微笑這件事是否會得到他人的評判，在那之前我只能不斷地告訴自己勿妄下定論。

中午時刻，人潮開始聚集在貨櫃屋周邊，我選擇在一家服飾店的外頭開始這個計畫，這裡的情景跟我在澳洲各個地方表演的氛圍全然不同。沒有車水馬龍的吵雜與喧鬧，也沒有來往匆忙的行人，有的只是一些對眼前景象感到難過與不捨的居民與旅客。

彈一些比較溫暖柔順的歌曲吧，我想要用輕柔愉快的樂聲改變大家的心境，也希望可以讓微笑與音樂隨著午日的陽光，為他們的內心注入一股暖流。才拿起烏克麗麗尚未彈奏前，一位身材壯碩、背著吉他的毛利人[3]緩緩地向我走來，他看起來像是個街頭藝人，難不成我踩到他的地盤？天呀！我可不要一開始就犯了這個大錯，接下來我還要花上幾天的時間在這邊蒐集微笑耶！我決定先表現自己的善意，就當作身為一個新人來拜拜碼頭。

Christchurch
is home

「你好！」

我走向前去伸出手與他打聲招呼，他也禮貌性地與我握手，從握手的力道及他臉上的笑容，我可以非常清楚，原來自己剛剛在腦子裡演的那一場戲都是多餘的。

「兄弟，你在做什麼？」

「我在為基督城蒐集微笑。」

「蒐集微笑？」

「對，我希望可以為這個城市帶回更多的微笑，你願意讓我為你拍一張嗎？」

「沒問題！」

他比我想像中的還要熱情、友善許多，連續拍了幾張照片後才得意地離開，我們兩個人的互動似乎引起其他人的注意，在他之後，我又陸續地幫幾位旅客及當地人拍照。看來這項計畫比我預期的還要順利，每一位停下腳步的朋友，不管是當地居民或是外來旅客都有很高的接受度，也明白自己的微笑可以帶來正面能量感染他人、幫助他人重拾希望。看著他們開心地留下微笑的同時連我自己也被感染，心裡面感受到一群互不相識的陌生人，在那個當下一起攜手為他人付出的感覺是一件快樂的事，即便我們只是提供一個微笑。

我趕緊把握機會邀請更多人一起參與，希望讓這份能量藉由更多人的力量分享傳遞出去。

就在這個時候，兩位穿著像是上班族的女性從我面前走過後，突然停下腳步回頭看著我的看板，聽著我為其他人解釋為什麼我要做這件事。當我為一位老奶奶拍完照後，其中一位白人女性開口問我。

「你為什麼要為基督城蒐集微笑？」

「三天前我來到這裡時，我發現人們的臉上少了笑容，為了讓這個城市、讓這邊的人重拾笑容，所以決定做這個活動。」

「你是學生嗎？」

「不，我只是一個旅行中的背包客。」

「這都是免費的？你也不收錢？」

「是的，微笑本來就是無價不是嗎？」

「你說得對，我也應該為我的城市留下一個微笑。」

她在留下微笑之後給了我一張名片告訴我說：「如果你在紐西蘭遇到任何問題需要幫助，請不要客氣，打電話給我，我一定盡力幫你。」

接過名片之後，內心激動不已。從來沒想到自己的一個小小舉動可以得到這麼大的迴響。對我而言，我只想為這裡的人、這座城市做一件自己能力可及的事，不求任何回報地希望藉此改變他人心境，可以重新樂觀、微笑地面對眼前的路，因為唯有這樣才能將自己與他人的力量凝聚起來，才能讓陽光再次進到心裡。

註3　毛利人（Māori）是紐西蘭境內的原住民，屬於南島語族玻里尼西亞人，有文字，多神信仰。甚至科學家發現毛利人與臺灣的原住民的DNA是很接近的，在語言文化上也十分相近。（摘自維基百科）

“人生最後的成績單是賺了多少錢還是幫助了多少人？
這個世代讓我們迷失在金錢、權位的框架裡。
老一輩的總是告訴我們：你要認真讀書做大官、賺大錢。
可卻沒有告訴我們：你要快樂地做自己，
長大後用你的天賦去幫助別人。
現在的我很開心，因為我知道自己有能力可以幫助別人。”

被遺忘的小鎮

這一趟旅行所累積的經歷，正透過她的筆觸，留下人與人之間相遇的溫度並分享給更多人。

清晨六點，南島米爾頓零下兩度的氣溫讓我無法再繼續待在帳篷裡賴床，早起的原因是我那輕薄短小的睡袋根本就不夠保暖，另一個原因是我就像個流浪漢一樣在公廁旁的草地上搭帳篷，得必須趕在天亮被警察發現這不被允許的行為之前把行李打包好才行。

拖著又餓又冷的身軀走在冷清的街上，天空仍是暗的，周遭住宅的大門依然緊鎖著。而遠方的 SUBWAY 像是一顆黑暗中最明亮的耀眼之星將我吸引了過去，點了份三明治跟熱飲，大口下肚的同時彷彿讓發抖一整夜而失去的所有熱能都得到救贖，這裡是我目前的避風港，決定等天亮後再繼續接下來的旅程。

米爾頓位於坦尼丁南方約五十公里，會在這裡挨餓受凍主要是因為當我住在坦尼丁的背包客棧換宿時，常常會跟一些來自世界各地的背包客分享、交流紐西蘭的自然美景及哪些城鎮的特色，但關於南島最南端的英弗卡吉爾的資訊卻是少之又少，聽聞有去過的背包客更是屈指可數，似乎是一個極為冷門的景點。因為冷門，反而引起我的好奇心，更想一探那神祕面紗底下的樣貌。找好了可以接待我的沙發主後即再次踏上旅程，沒想到整個過程不如預期中順利，再次搭上便車時已經接近傍晚時刻，轉了兩部便車才抵達這個小鎮：米爾頓。而最後一個把我放在這裡的車主是要前往我下一個目的地：西邊的皇后鎮，雖然我大可直接搭這台便車前往，幾經掙扎後，我還是決定往南邊去拜訪那座不知名的小鎮。

目送車主遠離後，天空中的黑幕也跟著拉起，如果我再繼續在路上搭便車，為了讓駕駛可以在一片漆黑中看到我的長相，而拿手電筒照自己的臉豈不是太詭異了嗎？索性找個兼顧平坦與隱密的草地搭篷暫時度過一晚。

＊＊＊

清晨來往的車輛不多，站在天寒地凍下等待的滋味還真不好受，為了讓身子暖和些，我不斷地在原地踱步，但效果卻不如預期，想起小時候在學校時常做的國民健康操似乎是不錯的暖身方式，就不管他人的眼光自顧自地在大街上做起國民健康操。也許動作有些過大，讓我搭上便車的馬特早在好幾百公尺遠的地方就看到我在街上張牙舞爪，他當時還猜想我是不是喝醉酒在路上跳舞。聽他這麼一講，我那凍到猶如日本歌舞伎的蒼白臉頰瞬間泛紅。

馬特塊頭很大，近兩米身高的他曾經在學生時期加入過校隊，熱愛籃球的我們即使只是第一次見面也很有話聊。不過說到英弗卡吉爾，連他這個當地人都不太推薦朋友來到這個小鎮，畢竟大部分出來旅行的朋友因為考量時間的關係，都會以一些較為知名的大景點做為旅行據點，而我這個背包客怎麼會對這個小鎮感興趣呢？我告訴他關於為基督城蒐集微笑的計畫，希望這個活動不僅是要在大城市中蒐集微笑，也可以延伸到各個小城鎮，分享給更多人知道、讓更多人一起參與，把各地的力量凝聚起來並帶回基督城。下車前我們互留聯絡方式，並約定如果他有空的話，歡迎與家人一同前來留下微笑。

＊＊＊

在蒐集微笑活動那一天，我站在市中心看著路上行人寥寥無幾，心想這裡果然不是觀光重鎮，寧靜的大街上彷彿都可以聽到自己的呼吸聲，這樣也好，就讓烏克麗麗的輕快節奏成為城鎮的背景音樂吧！我開始一首接一首地彈奏出想要傳遞的愉快氛圍，二十分鐘過去，在休息途中，看到一對男女正向我的方向走來。終於看到人了，我趕緊上前邀請他們留下微笑，他們也大方地在鏡頭前留下陽光般的笑容。

「你之前是不是坦尼丁街頭表演過？」其中一名男士詢問。

「是呀，請問你是……」

「我們之前在坦尼丁有留下微笑。」

「真的嗎？也未免太巧了！」

「一開始我們以為有很多人在不同的城市做這個活動，結果竟然是同一個人。」

「哈哈，是呀！只有我一個人。」

沒有想到第一位留下微笑的朋友竟然也曾在坦尼丁留過微笑，這奇妙的緣分也讓旅行增添不同趣味。

與他們道別之後，我又陸續為幾個人拍照，直到這一波人潮過後我又回到自己的小小世界，繼續彈奏烏克麗麗，過了一些時候，隱約聽到幾段相機快門聲在前方響起，當停下彈奏時抬頭一看，才知道有個女孩正在拍我。

「嗨，你好，我正在做一份專題，你可以繼續彈奏嗎？」

「啊……哦，好呀！」

眼前的女孩有雙漂亮的眼睛和一頭及肩長髮，在午後陽光照射下是那麼地迷人。

我還來不及思考就答應她的要求，頓時覺得自己宛如青春期的男孩一樣，急於表現自己繼續演奏著。

得知她正在這裡的大學就讀人文藝術相關學系，而其中一門科目是要求她們在街上發掘觸動人心的角落，即使只是一塊年久失修的告示牌，一張褪色的照片，猜想它們是否也曾在不同時空中留下特別的記憶。而今天，在空無一人的大街上，一位街頭藝人與背後看板的文字

「為基督城留下微笑」，又帶著什麼樣的故事來到這個小鎮？讓她更好奇地想把眼前畫面記錄下來。

看著她專心聆聽並一筆一字地將我口述的經歷記錄下來，那個當下你知道，這一趟旅行所累積的經歷，正透過她的筆觸，留下人與人之間相遇的溫度並分享給更多人。

離去前她說：「謝謝你為這個小鎮帶來音樂與快樂，希望有機會再看到你回到這個小鎮，帶給我們更多的熱情與幸福。」

＊＊＊

「嘿！兄弟，你的電話號碼幾號？」

雖然我跟馬特在那天分開後沒有再聯絡，但在我離開這個小鎮的前一晚，他特別到我的網路社群上面留言。他知道，我此行到這個小鎮主要是為基督城蒐集微笑，也許因為這一點感動了他，要了我的電話後傳了封訊息告訴我：「保持聯絡，保持安全。如果你在紐西蘭遇到任何事需要幫忙，請打電話給我。」

短短兩個小時的相處，他對一個陌生人如此地無私關懷及信任，讓我差一點看著手機噴淚。

英弗卡吉爾，一個像是被遺忘的小鎮，似乎仍保留著人與人之間最真誠的相處方式。

如果我沒有選擇來到這個小鎮，我永遠也不會遇到這些人。

如果沒有遇到這些人，我的旅行就沒有這些感動。

人生是否也像這樣，也許有時繞個路轉個彎還比走直路更加精采。

雖然我們沒有五星級飯店、頂級料理，
但卻是用最棒的方式體驗人生，
不斷地在旅程中創造更多的可能性。
窮酸旅行沒有不好，
不好的是你連出走的勇氣都沒有！

不老精神

在我過去七十二個年頭裡面從來沒有人帶我做過這些事，我會跟你一起做這件事是因為我相信你，我覺得跟你在一起很快樂，謝謝你所做的一切。

那是一個入冬的時節，夜幕拉上的同時，氣溫也開始直線降落，雨後的旺家努伊城鎮帶點潮涼氣味。我戴著毛帽、穿著厚重外套在旅遊服務中心旁的木棧人行道上來回走動，試著暖和身子。路燈清晰地倒映在旺家努伊河上，空無一人的街道，寂靜的氛圍顯得我的存在很突兀。

不想浪費這般難得的寧靜，決定拿出背包裡埋藏在最下層的相機，記錄這夜晚的河岸。少了人物的風景也只是靜物攝影，試著讓畫面不這麼單調，就讓自己也融入到背景裡吧！當相機固定於腳架上，順手按下快門鍵的同時，倒數計時器的嗶嗶聲劃破寧靜的空氣，心跳莫名地隨著聲響加快許多，就在慌張之下，右腳往後一蹬的瞬間，木棧道帶有水氣的溼滑讓我失去重心，隨著碰的一聲巨響我已大字型趴在地上，疼痛感即刻散佈在幾處手腳部位，此時只聽聞相機卡嚓、卡嚓的連續快門聲無情運作著……

趴在地上，這瞬間的狼狽。我想著，為什麼來到這裡？

＊＊＊

旺家努伊這個小鎮根本就不在我旅行的地圖之中，會跑到這裡來，其實要追溯三天前在威靈頓與沙發主威廉聊天中的一段話。曾旅行過三十幾個國家的他對於每一個國家的文化、地理及歷史有相當程度的研究，當然對於自己國家的了解深度更不在話下。在聊天之中，他得知我接下來的行程是前往北帕墨斯頓後突然大笑，並問怎麼會選擇那個城鎮為下一個旅行地點。

「它在地圖看起來是一個滿大的城鎮，我想應該會滿有意思的。」

「哈哈！那邊可是無聊透頂了，我建議你不要去那邊。」

「真的嗎？怎麼說？」

「那邊的確是一個頗大的城鎮，但城市裡面沒有藝術、沒有特色且太過死板了。」

「不是吧！有這麼糟糕嗎？那你有什麼好建議嗎？」

「是沒那麼糟糕啦，不過我倒建議你去旺家努伊，雖然城鎮不大，但那邊富含著文化資產，肯定是比北帕墨斯頓有趣多了。」

於是他打開電腦螢幕分享著關於旺家努伊的特色，這才讓我改變計劃，更期待來到這裡。

***

趴在地上好一會兒，待痛楚稍微減緩後才狼狽起身走到一旁的木製長椅坐著，想起剛剛倒在地上時，相機似乎非常沒有同情心地以極快的速度連續拍了五張照片，失望地隨手將架設在一旁的相機拿起檢視，果然不出所料，它很老實地把仆街的畫面記錄下來，看著自己的愚蠢模樣不禁莞爾一笑，環顧四周慶幸整個過程沒有人看到，再一次地自我嘲解一番。

「嘿，你是泰瑞嗎？」一個聽起來中氣十足的嗓音從三十公尺遠的道路上傳了過來。

「是！泰瑞在這，你是彼特嗎？」看著手錶上的時間，猜想應該

是沙發主過來接我。

此時沒有聽到對方反應，反倒是見到眼前一個人影快速地向我移動，三十公尺、二十公尺、十公尺，隨著距離愈來愈近，人影也從一小團的黑影漸漸變大變立體，當我反應過來時他已雙手將我環抱住，力道之大隱約感覺肋骨軋軋作響……你無法想像一個走過〇‧七個世紀的阿公會用手刀方式快速奔跑過來。

「啊！終於見到你了，太開心了。走吧！我們回家一起吃飯。」

彼特抱著我邊說邊跳，忘記控制力道的他將個人熱情表現地一覽無遺。

這是彼特與我第一次見面時在旅遊服務中心河岸旁上演的戲碼，也因為這個擁抱，讓彼此陌生的兩個人放下防備的心，更讓生澀情緒在沒有酒精的催化下很自然地熱絡起來。

「我有一把吉他和四把烏克麗麗。」在彼特的沙發客資料上寫著這麼一段話，讓我對這位七十二歲的阿公級人物產生濃厚的興趣。飯後，他彈著烏克麗麗高歌「漂浮者合唱團」（The Drifters）的經典歌曲

影片連結：帶著烏克麗麗環澳
http://youtu.be/H0H_E4Juirc

〈*Under the Boardwalk*〉，「Oh, when the sun beats down……」每一字都帶著微笑唱著，身體的律動也在每一個節拍上，這樣的熱情感染在一旁伴奏的我也不自主地搖擺身體，音樂果然是全世界共通的語言，帶來的魔力任誰也沒有想到年紀相差四十年的兩人可以如此契合。

「維吉尼亞湖位於城鎮的西北方，雖然面積不大卻有非常好的生態環境，湖邊四處可見水鴨及天鵝，不時會有愛鳥人士在此餵食。」隔日彼特帶著我在市區觀光，步行湖岸的同時也為我解說這邊的歷史與人文，隨後並把帶來的土司遞給我餵鳥，示意他就是那位愛鳥人士。座落於湖旁的鳥園及花園同樣也是免費參觀，也許是因為季節的關係，加上這個小鎮並不會出現在主流旅遊書裡，走了大半天卻未見到任何遊客。「嘿！要不要我們改天來這邊拍影片吧！」我突然對他提出這個想法。

在我的沙發客資料上附註一個Youtube的連結，那是一段我帶著烏克麗麗環遊澳洲一圈的影片，畫面從墨爾本開始，接下來是雪梨、伯斯然後快轉到澳洲每一個曾經旅行過的場景。在抵達這個小鎮之前已經陸陸續續在許多地方取景了，現在正好遇到也是烏克麗麗玩家的彼特，不如就拉進來一起拍影片應該會有趣許多。當我提出一起入鏡的想法時，他突然問我一句：「那我是不是有可能變成超級巨星？」

「哈哈，也許吧！」我笑著回答。

次日，彼特一大早就起床了，看他望著放在床邊的幾套衣服好像有些苦惱。

「嘿！彼特，怎麼了？」

「我不知道要穿哪一套。」

「拜託！我們又不是要去約會。」

「這影片是要放在 Youtube 給全世界看的，還是不要太隨便。」

「也是！我幫你看一下，這件綠色毛衣還不錯，我今天穿紅色的看起來比較搭。」

就這樣，兩個大男人、四把烏克麗麗開始一趟外拍之旅。第一個場景我們選擇再回到前一天湖邊的鳥園，然後陸續在花園及其他地方一起彈唱著，時而像搖滾樂手在鏡頭前搖頭晃腦，時而裝抒情兩兩相望。

影片連結：與彼特拍攝的影片
http://youtu.be/jywDcMR5ae8

在前往下一個景點前，我將剛剛拍好的幾個畫面播放給他看。

「嘿！彼特，你在鏡頭裡的表現很自然、很帥！」

「泰瑞，可是我看起來很老耶？」只見他眉頭一皺地說。

「拜託，你七十二歲了，看起來有年紀是正常的吧。」

「不、不、不，我的意思是這件綠色的毛衣看起來太暗了，我應該穿亮一點比較好看。」

語畢，我們兩人相視而笑。

於是我們立刻跑去附近的二手商店，挑了一件鮮黃色的上衣讓他更換，同時為了配合他，我也搭配一件鵝黃色背心讓我們看起來更像是個團體。結束治裝後，陸續跑去戰爭紀念館及杜瑞山等多個地方取景，一整天的行程從早上十點直到下午四點多才結束。回到家時我幾乎累癱在沙發上，可是彼特依舊活力十足地蹦蹦跳跳，讓我見識到他的不老精神！

「泰瑞，今天真的太好玩了。我有一個新的想法。」

「什麼想法？」

「明天我女婿的牧場有一年一度剃羊毛日，讓我問問看，也許我

們可以在那邊拍攝影片。」

剃羊毛日！聽到這裡我馬上從沙發上彈了起來，這也太令人興奮了！如果真的可以在那邊取景的話，那可是多麼難得的經驗！

想起幾年前與友人到南投的清境農場，遠遠地看著那群毛茸茸的傢伙被牧羊人像摔角選手一樣被固定在舞台區，隨著牧羊人熟練的手法左翻、右翻，不出一會兒的時間，綿羊就光溜溜地呈現在大家眼前。如果明天成行的話，不僅可以近距離欣賞之外，還可以在那邊拍攝影片，這未免也太幸運了吧！

「好的，我們明天準時到。」隨著他掛上電話、露出潔白的牙齒對我使了個眼神後，我開始期待著明天的來臨。

車子開往牧場的路上時而黃砂塵土、時而平坦無比，他的女兒及女婿住在位於城鎮東邊約一小時路程的奧克亞，途中看到一戶人家的羊群察覺到我們駕駛的巨型怪獸靠近時，紛紛拔腿就跑，可愛的模樣讓我不禁多看幾眼。

「你知道怎麼分辨觀光客的車及當地人的車嗎？」他突然問我。

「不知道耶，怎麼看得出來？」

「觀光客的車都會像你剛剛一樣，看看風景、看看動物，用非常慢的速度行進。當地人的話就是頭也不回地快速往前衝。」

「哈哈，好像真的是這麼一回事。」

翻過一個山頭之後我們終於到達牧場，眼前約數百公頃的高原裡，僅有一間民房座落在道路旁的柵欄不遠處，他的女兒金，開心地出來迎接我們，短暫寒暄後，他的女婿道格拉斯也從剃羊毛的廠房回來。

當我們一行人踏進廠房時，看著四、五個彪形大漢在工作台上熟練地用膝蓋夾緊一隻羊腿，把羊頭貼近胸膛，迅速地從羊頭到羊尾推剪羊毛，不出五分鐘的時間，原本穿著蓬鬆大禮服的羊變成像個去皮柳丁般一樣，旁邊年約八歲的小朋友及一個中年婦人用耙子協助清理工作現場，將落在地上的羊毛集中在一旁的麻布袋中。

「就是這裡了。」

「啊！那不會打擾人家工作嗎？」我猶豫著。

「不會的，我們就在前面這個平台拍攝就行了。」

剛開始我跟彼特兩人跟昨日一樣，在工作台前又跳又唱地演奏

著，道格拉斯跟金看到我們兩人默契極佳，在一旁都笑彎了腰，跟彼特一起瘋瘋癲癲沒多久，他就去邀請道格拉斯跟金加入我們，可是害羞的他們倆一直不斷地婉拒，最後也許是被我和彼特的熱情感染，也決定加入一起演奏。整個剃羊毛廠被我們四個老小孩搞得很熱鬧，連一旁的工作人員臉上都掛滿笑臉，我想現場只剩那群羊比較淡定地看著這一切發生。

午夜，我與彼特坐在電腦前看著這兩天的嬉鬧時光，我們知道瘋狂不是年輕人的專利，只要擁有一顆年輕的心，你也可以一直熱血下去。

臨睡前他握著我的手，他說：「泰瑞，在我過去七十二個年頭裡面，從來沒有人帶我做過這些事，我會跟你一起做這件事是因為我相信你，我覺得跟你在一起很快樂，謝謝你所做的一切。」

這簡單的文字就像有種魔力一樣將我眼眶潤濕，回想起自己如果在兩年前沒有選擇勇敢出走，那麼這些故事就不可能會出現在我的生命之中。而與他的相遇，又是如此特別的人生經驗，我趕緊給他一個擁抱，用行動告訴他我是幸運的，在三十一歲時就可以擁有這獨特的經歷，也謝謝他在我生命中留下最特別的軌跡。

“如果你害怕失敗、不敢冒險，
就算你才十八歲也浪費了生命給予的活力。
如果你有勇氣、敢追夢不怕失敗，
即使你八十歲也能繼續熱血，累積生命美好的事物。”

謝謝你相信我

是否我們也常常被自己的雙眼所蒙蔽，無論眼睛睜得再大，也可能「看不見」。也許有時我們可以閉上眼睛，用心去看、去體會，才能看到背後的美景。

在彼特家當沙發客期間，他曾離開紐西蘭數日，前往澳洲參加親人的婚禮，還記得他離開前特別交代我：庭院的花要澆、報紙每兩日跟隔壁鄰居交換閱讀、冰箱食物要清……等一些瑣碎小事後便把鑰匙交給我，請我幫忙看家。

有一天我帶著烏克麗麗回到當初與彼特見面的地方：「旺家努伊旅遊服務中心」，不過原本印象中空蕩蕩的街道上竟多了許多臨時攤位，有賣手飾、二手衣服及蔬果之外，還有幾組街頭藝人分別在不同的角落表演著。自從在澳洲旅行時常帶著烏克麗麗到各地取景、拍攝影片記錄之後，來到紐西蘭後似乎也變成是一種習慣，隨身都會帶著烏克麗麗。

除了之前與彼特一起拍攝之外，我想要邀請更多人一同加入我的影片中。

我開始在市集中來回走動，想要與這些街頭藝人合作，一起拍攝影片，但與陌生人搭訕詢問是否一起演出讓我覺得好彆扭，腦中總是不斷地重複「如果他們拒絕我呢？」的想法。內心一直很想要找他們一起拍攝，可是行為卻不斷地抗拒，說是抗拒還不如說是怕被拒絕時的丟臉。可是如果我就這樣離開而錯過這次的機會，哪天當我再想起時會不會笑自己當初太過卒仔？拚了啦！看著前方那位彈著吉他的街頭藝人正在休息的空檔，我鼓起勇氣走向前。

「嗨，你好。」

「你好。」他露出牙，友善地回應。

「我正在拍攝一個帶著音樂旅行的影片，想要邀請你一起拍攝，可以嗎？」

「當然沒問題。」他毫不猶豫地一口答應我的請求。

我架好相機，拿著烏克麗麗跟他一起討論要彈什麼樣的和弦、幾個拍子後，就開始了首次與其他街頭藝人的組合表演。C和弦、G和弦、Am和弦、F和弦，兩把弦樂器再搭配上簡單的四個和弦組合，卻擦

100% MADE OF
NEW ZEALAND

出不同的火花。雖然這對學過音樂的人來說是再稀鬆平常不過的事，但對於我這種音樂門外漢卻是意外的驚喜，而且也是我第一次與不同弦樂器在戶外合奏。短短幾分鐘的表演，讓我們的周圍變得好快樂，也為他賺進了不少打賞。結束後，我們互留聯絡方式後，並答應影片剪接好後，我一定會將網路連結寄給他看，謝謝他不僅讓我的影片添加不同的元素之外，也為我的街頭表演增加不少經驗，當然最重要的是還幫我的內心累積了一些勇氣。

很多時候我們會擔心失敗、擔心受挫，可是在未嘗試之前，那些擔心僅只是我們先預設的一道牆，當你跨越那道牆之後，你會發現其實只是自己多想了！即使今天被拒絕了，但至少我們勇敢踏出去，也得到經驗。

抱著這樣的心情，我又繼續在市集找其他的街頭藝人合作拍攝，在結束第二次的拍攝後，有一位毛利人露出開心的笑容走向我。

「你那個是烏克麗麗，對吧！」

「哦，對呀！你要不要玩看看？」

好不容易在外地遇到同好，出於本能反應地把烏克麗麗遞給他玩。

只見他把玩一下後接著說：「我家也有烏克麗麗，下午會跟朋友一起玩，你要不要來？」

「好呀！」

「但先說好，我不是很會彈哦！」

「沒關係，我也不會，我們互相學習。」

＊＊＊

初到他家門口時，看到眼前佈滿雜草的房子，以及那些看似年久失修的大門與窗戶，讓我突然想起友人曾說過旺家努伊是全紐西蘭犯罪率最高的城市。十分鐘前我就像個孩子看到糖果一樣，一聽到有人也在玩烏克麗麗就想要跟人家回家，現在眼前的畫面可是硬生生敲醒我當初那份傻勁。

留下或轉身落跑？看著他臉上憨直的笑容，老實說我還找不到任何理由拒絕他。

一進房裡，傑森馬上拿出三把不同型式的烏克麗麗展示給我看，其中兩把還是來自庫克群島[4]的手工八弦烏克麗麗，特殊的造型加上用

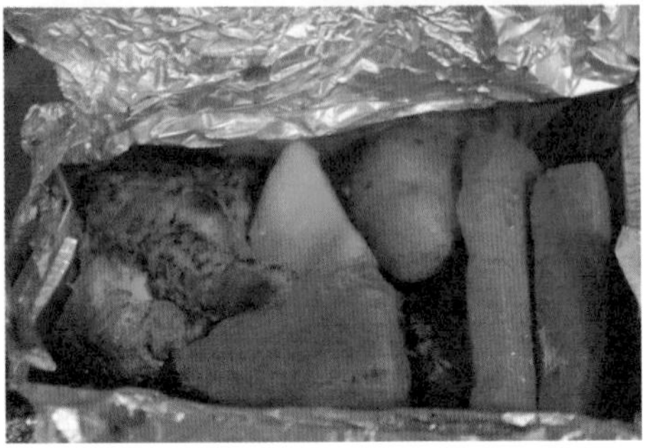

釣魚線配製的弦，一整個就是原汁原味的海島風情，即便我沒有去過庫克群島，但那把琴彈奏出的優美聲音，似乎把海島人的熱情完全表露出來。傑森的老婆帝娜隨後也端出毛利人傳統食物「漢夷」（Hangi）給我品嚐。初看到這道食物的時候，就覺得這道菜也太豐盛了，小小的容器裡裝滿了牛肉、雞肉、豬肉及蔬菜。經過他們的解釋，原來這道食物的做法就類似我們台灣人的焢窯，不同的是，他們把石頭用柴火加熱後，再把加熱後的石頭放進地上預先挖好的大坑，在上頭放上食材後再用土堆埋起來，藉由熱氣將食物燜烤到熟，只不過通常我們可能只放單一肉品或是燜烤地瓜，不像他們比較豪邁一點，會放不同的肉類再加入蔬菜烹調。看來我們台灣人跟紐西蘭毛利人除了DNA相近之外，連傳統的美食料理也有相似之處，真是太有意思了。

「泰瑞，看著。」傑森突然拿起一只打火機及一把吉他。

「啊！你要幹嘛？變魔術？」看著他詭異的眼神我胡亂猜測。

只見他左手拿著打火機在吉他琴頸上下滑動，搭配著右手不時在琴弦上彈奏，簡單的手法就輕鬆彈出如同爵士樂般的曲子。這一招我可是從來沒有見識過，看得我目瞪口呆，被他突如其來的才藝表演吸引住，等他獻完才藝之後，我也迫不及待嘗試一番。

咿——咿——嗚——嗚——

也許我真的沒有音樂天分，結果我彈出來的效果不但一點也沒有爵士樂的感覺，反而像是混合中東與其他國家才有的怪異節奏，逗得他們哈哈大笑。

「對了，我們也一起拍一段彈烏克麗麗的影片吧！」

「我們？可是我不會彈耶。」帝娜露出為難的表情。

「沒關係，只要把手放在琴上胡亂彈一彈，有個動作就好，我會重新配樂的。」

「這麼簡單，那我們來吧！」

就這樣，我與傑森、帝娜還有他的表妹，一人一把烏克麗麗站在鏡頭前傻傻地又彈又刷，嘗試演出一場好戲。

「我覺得還要加一點東西。」傑森覺得這樣有些單調的說。

然後繼續說：「我們一起跳個庫克群島的舞如何？這個是我們常

在慶典中跳的舞，也是家人、朋友聚在一起把酒言歡時也會跳的。」

我們又再度排排站好，張開手臂隨著身體搖晃，雙腳不斷地在原地踱步邊跳邊叫，四個人又再次在房裡笑成一團。

＊＊＊

因為傑森的邀請，讓我有機會接觸到當地人的文化與美食，最重要的是在他們樂天開朗的笑容下，讓我學習到其實快樂也可以很簡單。我們不用在乎對方是貧是富，只要你願意敞開心房，真誠地與他人相處，分享彼此的故事、經驗，甚至是一段舞或是一首歌，都能為彼此留下最真實、最無偽的美好回憶。

在我與他們道別步出房門時，傑森堅持要送我一程。

「不用送了。」

「沒關係，走吧！」

走到門口時他突然從背後拿出一個巴掌大的貝殼塞進我手裡。

「泰瑞，這個給你。」

「不、不，我不能收。」

「請你收下，這個東西在我們的傳統裡有護身符的意思，我要謝謝你相信我。」

一時之間，我一陣羞愧，我曾站在同一個地方，看著破舊房子的外觀產生懷疑而猶豫不決，而他又是如此地真心待我。讓我想起英國小說家沙米爾曾說：「閉上眼睛，那你大概就可以看得見。」是否我們也常常被自己的雙眼所蒙蔽？因此無論眼睛睜得再大，也可能「看不見」。

我趕緊給他一個擁抱，謝謝他，謝謝他讓我學會用心去看、去體會。

註4　庫克群島是一個位在南太平洋上，介於法屬玻里尼西亞與斐濟之間，由十五個島嶼組成的群島，其命名起源於遠征探索南太平洋，發現了許多島嶼的詹姆斯・庫克船長，是紐西蘭的自由聯合國。

“用心去感受，才能看到生命中最美好的每個片段。”

皺巴巴的五塊錢

「這麼美好的事，應該要讓更多人知道。」彷彿是在提醒我自己當初蒐集微笑的理念不就是希望讓這股微笑力量改變更多人，讓更多人可以被正面能量感染，創造出新生活嗎？

「請問我可以在這裡街頭表演嗎？」我站在漢米爾頓市議會服務窗口前詢問。

結束了在滑雪場的打工後，我又再次展開蒐集微笑的旅程，這裡是我的第六站。老實說，在前幾個城市街頭表演時都很容易找到人潮易聚集的街道，唯有這裡，一個在北島也算是排行前幾名的大城市，卻讓我完全沒有頭緒可以在哪邊表演。

在紐西蘭人的口中傳著一則玩笑話：「來自漢米爾頓的人都怪怪的。」一會這麼說，有可能是因為紐西蘭南、北島是四面環海，而所有的較大城鎮也是鄰近海邊，唯有漢米爾頓是唯一處在內陸的大城市，而漢米爾頓的人似乎都比較孤僻，不太喜歡跟別人打交道！但其實紐西蘭人通常都很熱情，所以如果有個人很悶，結果你發現他是漢米爾頓人的時候就會說：「哦！難怪他這麼奇怪，因為他是從漢米爾頓來的！」又或者是當有個人很悶，就會有人開玩笑地問：「你該不會是漢米爾頓來的吧?!」

部分大城市裡對街頭藝人表演的時間與地點會有限制，這裡也不例外，比較有意思的是這裡是採預約制，你得先到市議會申請登記時間與地點才可以表演。

「你要表演什麼？」

「烏克麗麗與蒐集微笑。」

「啊？蒐集微笑？」

每次到新的城鎮申請街頭藝人證照時，都必須好好解釋自己的計畫，同時也藉由這個機會邀請承辦的人員一同參與或是幫忙分享此活動，讓更多人一起參與。記得有一次在南島的英弗卡吉爾也因為如此，在表演過程中遇到當時的承辦人員前來留下微笑，讓我更明白必須要好好地把握每一次的宣傳機會，即便沒有機會在街頭遇到彼此，但至少在對方的記憶中，曾經有個人告訴他關於微笑的力量。

＊＊＊

蒐集微笑的當天，沙發主熱情地告訴我可以借我單車代步，但馬上卻又面有難色地表示可能有點狀況。我一臉不解地等他將車子牽出來時才發現問題所在，那台看似讓學齡兒童騎的折疊式自行車也未免太迷你了吧！對於將近兩公尺高的成人而言，騎著這台車時，整個比例看起來呈現一種很不協調的畫面，但這是沙發主給我的恩惠，至少遇到下坡時還可以享受強風吹拂的快感。

單車與身材的比例果然還是很重要，當我在騎乘前往的路上，過低的把手容易讓膝蓋撞擊，有時轉彎時還會卡到，最後不得不用非常誇張及醜陋的姿勢來騎。雖然騎下坡時很爽，但是遇到上坡路段時，不論我多麼用力踩著踏板，它還是只有前進一點點，就在我揮汗如雨時，眼睜睜地看著一位年長者輕鬆地操作電動輪椅從我旁邊呼嘯而過，不一會兒的時間，早已不見對方的車尾燈了……

＊＊＊

Kirikiriroa

我選在圖書館前的廣場表演，這裡也是承辦人員給的建議，不過很明顯的是這裡人潮果然不如預期，僅看到零星的人群在對面公園走動或是在對街商店裡購物，我向隔壁咖啡館借了一把椅子讓我可以坐著邊彈奏邊等待，如果沒有人來，就當自己只是換個地方練習也好。

偌大的館前廣場坐著一個街頭藝人自顧自地彈著烏克麗麗還算顯眼，很快地就吸引了一些人的目光，只不過他們仍然是選擇站在遠方默默地欣賞，也許他們也在打量著我，看這小子到底在玩什麼把戲。

不久後有一位身材略顯壯碩的毛利女性終於在我面前停下腳步，有跟毛利人接觸過就知道他們生性大方，且對新事物擁有強烈的好奇心，而她也是當日第一位在相機前留下微笑的人。剛看到她時可能會被她佈滿刺青圖騰的兩隻手臂嚇一跳，搞不好還會誤會她是不是黑社會大哥的女人之類的。其實在毛利人的文化裡，這些刺青是有其特殊意義，它可能是身分或地位的象徵，也有可能是家族歷史的記載。不過隨著時代的變遷，也有些人純粹是為了在身體上留下一件特別的藝術。

當我邀請她幫忙留下微笑時，面惡心善的她立刻幫自己來個三連拍，一個小時過後又帶著兩名女子回來三連拍，偶爾還會在鏡頭前擺出不雅的手勢，但看她們玩得這麼開心，我就不打擾她們的興致，畢竟我最希望的也是看到每一個人可以在鏡頭前留下最真誠的笑容，當然從另一個角度來看，我也擔心惹上大哥的女人……

在活動快結束之前，我留意到有一位女子在圖書館旁微微笑著看我彈奏，我起身邀請她留下微笑時，她疑惑地問我為什麼要做這件事，為什麼是蒐集微笑？

我將整件事的起源跟未來計畫告訴她，她興奮地說：「這麼美好的事，應該要讓更多人知道，讓我聯絡當地記者來採訪你好嗎？」

「啊！採訪？」

「對，你不要走，我立刻請人來採訪你。」

只見她立刻轉頭跑進圖書館裡，待她走後，留下一臉疑惑的我。

一想到我那破爛英文將接受記者採訪，就突然莫名地緊張，擔心自己受訪時會不會結巴？記者問的問題我聽得懂嗎？回答時會不會詞不

達意？

從第一天蒐集微笑到現在，過程中所遇到的人、所留下的故事，這些經歷都是自己的，畫面還是如此地真實與清晰。對我而言，我只想默默地做，默默地為基督城盡一份心力，讓身邊相遇的朋友也能感受這股力量。即便當我在坦尼丁蒐集微笑時，曾有位男士告訴我：「如果讓基督城的政府知道這件事的話，他們會很感謝你的。」

當時我也只笑笑回應表示我知道了，而心裡想著這件事其實也不是什麼了不起的大事，也沒有必要大肆宣傳，昭告世界。

但想起凱特琳說的一席話：「這麼美好的事，應該要讓更多人知道。」彷彿是在提醒我自己當初蒐集微笑的理念不就是希望讓這股微笑力量改變更多人，讓更多人可以被正面能量感染，創造出新生活嗎？

***

「請問你來自哪裡？」

「我來自台灣……」

因為凱特琳的協助，我在隔天接受了記者的採訪，記者也很細心地將我在澳洲為朋友蒐集微笑的啟發記錄下來，並邀請了幾位當地的朋

友說說對於這件事的看法。

「這是個很棒的主意。非常有意思，而且對基督城也很有幫助。」

聽到一對情侶對記者大方地分享自己的經驗時，你才真正地意識到，原來自己似乎從來就沒有詢問過關於每一位留下微笑的人的感受。但這一次透過記者的採訪，得到他們對此都給予正面的肯定，讓我感到很開心，也更相信自己一路走來的堅持是對的。

採訪結束後，記者留意到腳架上延伸吊掛快門按鈕的簡陋鐵線，好奇地詢問：「你這個是用什麼做的？」

「是用曬衣架做的。」

「哇！太有創意了。」

在場的大家又笑成一團，似乎對於我們背包客物盡其用的創意感到驚豔。

今天前來留下微笑的朋友幾近是昨天的兩倍之多，在準備結束街頭表演前，我想要再多演奏幾首歌來謝謝這座城市給我的特別經驗，於是我賣力地彈奏，完全地投入在自己創造出的音樂世界裡，而他，史帝芬，一位行動不方便的毛利人，在我表演途中從後方推著輪椅緩緩地移動到我面前。

我立刻停下演奏，當下留意到他那寬鬆的上衣衣袖已破爛不堪，手指與指甲滿是汙垢，褲子下襬處也有幾個誇張的破洞，輪椅兩側的輪胎甚至呈現漏氣乾扁的狀態。

「嗨！你好。」

「你好，這個給你。」

在他回應的同時也伸出右手，然後在我面前把原本緊握的拳頭慢慢打開，手心裡是一張皺巴巴的五塊錢紙鈔。看著他掛滿微笑開心的神情，我的內心像是被注入一股暖流。我趕緊用雙手把他的掌心合起來，請他把錢收好，並告訴他這活動是免費的，我只蒐集微笑，不蒐集錢。

接觸他的手時，感覺到他的手是如此地粗糙但卻又是那樣地溫暖，我不知道他的經濟狀況是否出了問題，從他的衣著及外觀的狀況來看，他可能比我更需要得到別人的協助，可是他卻對我如此地慷慨大方。

「你要不要拍張照，為基督城留下微笑？」

「好呀！但真的是免費的嗎？」

「是免費的。對了，你有玩過烏克麗麗嗎？」

「沒有。」

「來，這個借你玩，你也可以拿著拍照。」

「真的嗎？」

「真的，來，讓我為你拍一張。」

在他離開前，我給他一張小紙條，並告訴他今天可以連結到這個社群網頁看到自己的微笑照片。

看著他帶著開心的笑容離去後，並在不遠處與他朋友會合時笑著臉用手在空中比劃，似乎在分享自己剛剛所遇到的事。

那天晚上，史帝芬在我的臉書上留下了一段話：「嘿！兄弟，我今天有遇見你，你讓我有個美好的一天。」

我看著那段文字，心裡滿是複雜的情緒，對我而言我並沒有為他做出什麼特別的事，但對他而言卻是如此特別的經驗，讓他可以在今天留下美好的回憶。

我很想親口告訴他，你才是讓我有個美好的一天的那個人。

「貧窮」與「富有」應該如何定義？

如果僅從表面來看，或許我比史帝芬看起來還要富裕，但在心靈上我卻感到比他還要貧瘠。

史帝芬並不會因為自身狀況不佳而喪失給予愛的能力，反而更懂得為他人付出他所擁有的。

他讓我真正地明白，真正的富裕並不是要很有錢，心靈的富裕才是最重要的。

“你也可以改變世界，即便只是做一件微不足道的事，
但至少好過什麼都不做！！”

很高興我們今天仍然活著

每一天醒來、活著都是一個禮物，都是一個新的開始。即便天氣不好又如何，只要活著，每一天都應該過得充實才對！

終於來到懷蒂昂格了，聽聞許多背包客對這裡的美景讚賞不已，許多換宿工作機會早在三個月至半年前就要開始搶先預約，不然只能來這邊當大爺，讓住宿費幫荷包瘦身。其實在這裡打工換宿也不算輕鬆，因為來玩的遊客絡繹不絕，每天都有打掃不完的房間、換不完的床單，洗不完的餐具。但辛苦幾個小時之後換來大半天的空閒時間，可以讓你靜靜地坐在窗邊欣賞眼前的無敵海景，或是在黃昏退潮時刻優閒地走在沙灘上，撿著新鮮的蛤蜊為晚餐加菜。如果自己有交通工具的話，還可以開車到半小時路程遠的「熱水海灘」，泡個免費的海灘溫泉，又或是到鄰近知名景點「教堂灣」，欣賞大自然的鬼斧神工，聰明的你也可以帶著三明治到這裡野餐或玩玩水、踏踏浪。一想到這裡有這麼多的活動，就期待著哪天自己可以親身體驗傳說中的美好。

初抵達時，看著眼前海天一線的無敵海景，就明白為什麼這裡會這麼搶手，安頓好行李之後馬上衝到旅客服務中心。

「請問到熱水海灘有沒有接駁車？」

「費用約四十元，如果參加遊覽約一百元。」

一元紐幣匯率約二十五元台幣，不管是購買任何東西我都習慣轉換成台幣，再花一點時間掙扎是否需要花這筆費用，將近一千元到兩千五百元的費用已超過我的預算。

服務人員看著我一臉苦惱的樣子又接著詢問。

「你腳力如何？」

當我正好奇她為什麼這樣問時，難不成要我在她面前跳兩下看看嗎？

原來她建議我花二十五元去租單車，然後可以邊騎單車邊欣賞沿途風景。不過她也警告我這條路是一條綿延不斷的山路，上下起伏很大，除非腳骨軟Q、腿力勇健，不然她可不建議門外漢嘗試。

想當然爾，自認年輕無敵的我想都沒想就接受她的建議，馬上跑到附近的單車行租借。

「老闆，我要借單車。」

「來，這一台適合你的身高。」

「我可以先牽回去嗎？我想明天一早出發。」

通常單車出借以天數計費，經過溝通後，他同意不多收費用讓我提前借走。

「老闆，明天會下雨嗎？」

「不會啦！最近太陽都很大，明天出門多帶點水。」

付了錢，爽快地離開單車行後，在回去的路上我邊騎車邊唱歌，滿心期待明天屬於自己的單車旅行。

＊＊＊

滴答、滴答……

早上被外頭的綿密雨滴打落在屋頂的聲音吵醒，立刻從床上跳了起來看看窗外天氣。不是吧！今天是個陰雨綿綿的天氣，怎麼跟老闆說的不一樣？

TO SH 25
Hot Water Beach
Hahei Beach
CATHEDRAL COVE
Hot Water Beach

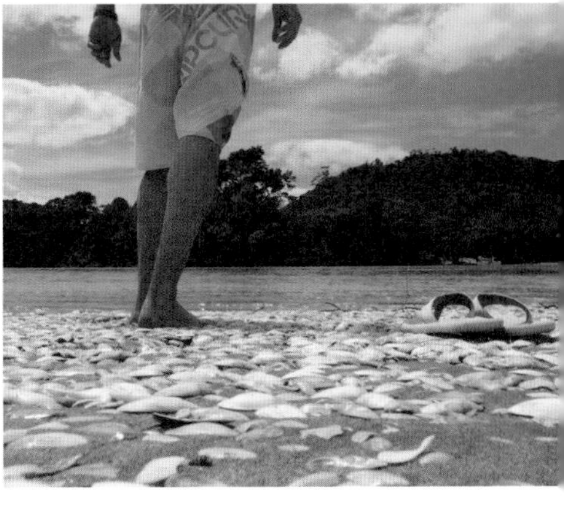

啊！啊！啊！我又鑽回棉被裡，我這個笨蛋，這種天根本哪裡都去不成嘛，更別說是欣賞沿途美景。

在懊惱的同時，我突然回想起之前在泰晤士換宿時遇到一個老奶奶她對我說的話……

那是一個豔陽高照的好天氣，我總是喜歡在換宿後利用下午時間在海邊慢跑，那天我突然想繞道看看不同的街景，意外發現這裡沿路的矮房外都種滿了鮮亮花朵，此景讓我放慢腳步，靜靜地享受眼前景象。走了一段路後，我看到一棟很典雅漂亮的白色房屋，屋外一位滿頭銀白長髮、年約九十歲的老太太正在彎著腰整理花園，我向她打了聲招呼，她也客氣地回應我，並用非常愉快的語氣對我說：「多麼美好的一天，很高興我們今天仍然活著。」

這一句話，這一個畫面，到現在仍是如此清晰地留在我腦海中。

是呀！多麼美好的一天，很高興我們今天仍然活著。每一天醒來、活著都是一個禮物，都是一個新的開始。即便天氣不好又如何，只要活著，每一天都應該過得充實才對！而且租借單車的錢都付了，不熱血一下怎麼會對得起自己！

說到熱血這檔事，令我想起自己曾經在國中時期時對籃球的狂熱程度接近瘋狂，不管是日正當中的大太陽，又或是刮風下雨的颱風天，只要給我一顆籃球，我就可以在籃球場上盡情揮灑自己的青春。不過似乎隨著年紀增長，我們的心態就不再年輕，不願意再嘗試新的事物或是挑戰自己，讓「年紀」成為我們拒絕所有事物的最佳藉口。而讓新的人生經驗永遠被隔離在心門以外，錯失了人生路上那些許多等著「被打開的禮物」！

***

當天，我決定穿著雨衣、帶著久違的熱血，冒著風雨前往熱水海灘。一開始的心情其實都很不錯，一直到要搭渡船到另一個碼頭時才開始感到不妙。這是往返懷蒂昂格與熱水海灘之間的捷徑，也是許多兩地居民到城市中採購日用品最省時的方式。但唯一不方便的是船班很早就休息了，我如果要搭船返回，必須要趕在晚上六點前回到布瑞基路上的碼頭才行，否則我就要再多花一小時的時間繞遠路，才能回到住宿的地方。想到可能會遇到的狀況造成不便，讓內心一度猶豫，但與其現在多花時間煩惱，不如把時間花在騎乘單車的路上。

往熱水海灘的路上，起伏不斷的山路讓我深刻體會到旅遊服務中心人員給我的忠告，預計一個半小時的路程，因為邊騎邊喘的緣故，我多花了一小時才到達熱水海灘，可是因為來的時間點不對，當時正逢漲潮，我只能站在岸邊吹著海風、淋著雨，遠望著那片我原本應該躺在上面的海灘。即便沒有機會體驗天然溫泉，我仍為自己感到開心，雖然這段路程很辛苦，但靠著自己的雙腳來到這裡，也在內心留下小小成就感。

回程路上我特別繞至教堂灣，這一段路也是把我的雙腿操到嚴重抽筋的最後一根稻草。每一次面臨上坡路段，我都必須用手大力掐著腿部肌肉才有辦法踩著踏板前進，臉部的表情也隨著疼痛變得猙獰。單車是很老實的工具，每踩一下就會前進一點，眼前的道路因每一次的踩踏而前進一些，好似消耗掉的體力都得到滿足。

抵達教堂灣時，壯闊的美景讓我忘卻腿部肌肉的疼痛。出發前，天真地以為自己體能多好、腿力多行，而身體卻老實反應出這一切實在是太高估自己的能力。但我明白，這一段單車旅行不是體能訓練，而是意志力的成長，我能做的是，在每一次想要放棄前幫自己一把，為自己創造出更大的舒適圈，增加更多的人生故事。

“請減少對這世界的抱怨，因為活著的每
一天，是讓你去感受這世界的美好。”

人生清單

當你發自內心去幫助別人、為他人付出且不求回報，有一天它會用不同的形式再回到你身邊，在你需要時給予幫助。這個時間也許是一個月，也許是一年，但不管多久，不管會不會得到回報，你都不能忘記去幫助別人。

如果有看過電影《魔戒》的話，應該對劇情裡哈比人佛羅多費盡千辛萬苦將魔戒沒入岩漿摧毀的地點「末日火山」不陌生吧！在真實世界裡想要親近「末日火山」的話，有一條名為東加里洛橫越路徑可是不二選擇，這條健行路線全程約十八點五公里，來回所費時間約八小時，是被喻為紐西蘭最佳一日健行路線，更是世界排行前十名的最美單日健行路線之一。對許多前來紐西蘭的背包客或旅客而言，如果沒有走過這條健行路線，那就等於沒有來過紐西蘭。當我在納皮兒打工換宿時遇到一位同樣來自台灣的打工度假女孩，她就跟我分享一次非常特別的健行經驗。

記得那天她與朋友入住我們旅館時已接近午夜，見到面也只有點頭示意並沒有任何交集。隔天當我在廚房打掃時，女孩開口詢問。

「你是泰瑞嗎？」

「我是。怎麼了嗎？」

「我有關注你的社群網頁，我很喜歡你耶！」

「哈哈！謝謝妳。」

「還有你那一張裸照拍得很棒，讓我有所啟發。」

聽她這麼一說，我突然感到臉頰一陣微熱，要不是膚色太黑，她肯定會發現我滿臉通紅。

說到裸照這件事，其實當初也是因為與朋友打賭輸了而拍下的。當然為了保護當事人，除了三點沒露之外，就連臉部也只有出現四分之一。但萬萬沒想到，這張照片會給人家有所啟發？

「我那天在走東加里洛橫越路徑時，有一個路段剛好沒人，就學你拍了一張。」

她繼續說。

「我終於也為自己的青春留下特別的回憶，我超開心的。」

天呀！沒想到會是這樣的啟發，我也沒有追問下去她到底在哪個路段拍的之類，只希望她可以在留下青春回憶的同時，也要懂得保護自己。

＊＊＊

二〇一三年一月，當我離開在納皮兒換宿的工作後，我最想要在新的一年完成的第一件事，就是踏上東加里洛橫越路徑，用身體的五感去體驗大自然給予的感官饗宴。一早動身離開旅館後，我再次開始靠著大姆指在路上攬車。很幸運地，沒多久就被一對父女載上車，雖然只有前進約十分鐘的路程，對於新的一年是好的開始，我告訴著自己。

再一次把我的大姆指伸展在外時是在一個加油站的旁邊，我還是依舊讓笑臉搭配著大姆指吸引駕駛人的目光，此時有一位留著俐落短髮的老太太從後面向我打招呼。

「年輕人你要去哪裡？」

「我要去陶波。」

「去陶波做什麼？」

「因為我想要去走東加里洛橫越路徑，所以暫時先落腳陶波。」

「如果你不介意我的車子太小，你可以坐我的車。」

「不、不，我當然不會介意。」

老奶奶年約六十歲，銀白色的短髮看起來很有氣質，每一次開口跟我講話時都帶著笑容，讓人感覺平易近人、沒有壓力。

「我常常在路上撿背包客。」她笑著說。

「真的嗎？那你一定撿了不少了，對吧？」

「對呀，打從二十年前我就開始撿了。」

「二十年！！」

「是呀，不過這二十年來，你是我第一個撿到的亞洲人，好像在你們的文化裡面很少人這麼做。」

「啊！是呀！我們比較怕死啦……但對我而言，如果已經出國了就想挑戰自己。」

「你不怕危險嗎？」

「怕呀！難不成妳不怕載到壞人嗎？」

「當然怕呀！所以我才把車子停到旁邊跟你聊聊，再決定要不要載你。」

頓時我們兩個面對面大笑。

在紐西蘭這個國家搭便車似乎是一件稀鬆平常的事，不管是當地人或是外來的旅客，做過搭便車或是讓人搭便車這些事的比率都滿高的。記得有一次當我要從羅托魯瓦搭便車時，遇到一位開GTR跑車的汽車維修技師，那一次也是我生平第一次搭上跑車，而他早已是位有豐富的搭便車與讓人搭便車經驗的人。曾經有一年他把車賣掉，沒有交通工具的他選擇搭便車。搭上便車後，裡面也有另一名同是搭便車的當地人。但該駕駛在行進的路上不斷透過後視鏡看他，讓他感到很不自在，一直到讓其中一位搭便車的人下車後，他開口詢問駕駛。

「請問我認識你嗎？」

「你之前有讓人搭過你的便車嗎？」

「我常常讓人家搭我的便車。」

「你記得幾年前你在某某特殊路段讓人搭便車嗎？」

「嗯，聽你這麼一說我好像有印象。」

「我就是那個坐你便車的人。」

當他跟我說完這個故事後，我深深地覺得搭便車這回事在紐西蘭似乎是很正常，且這裡的人都好友善。更重要的是他這個故事讓我開始思考，當你發自內心去幫助別人、為他人付出且不求回報，有一天它會用不同的形式再回到你身邊，在你需要時給予幫助。這個時間也許是一個月，也許是一年，但不管多久，不管會不會得到回報，你都不能忘記去幫助別人。

＊＊＊

在車子快速移動時，窗外的美景也快速變化，我出自本能的反應，拿起相機快速按下快門，多麼希望把眼前的景物記錄下來。當然，這十足觀光客的舉動也引起老奶奶注意。

「你為什麼會來紐西蘭？」

「聽說這裡是人間天堂，每一位來過的朋友都說這裡美得不像話，所以我告訴自己在回國前一定要來。」

「你聽過人生清單嗎？」

「那是什麼意思？」

「就是死前有一些事想做之類的。」

「哦哦！我明白了，所以我現在也正在履行我的清單呀，旅行澳洲、紐西蘭、高空跳傘、搭便車及街頭表演之類的，這兩年多我完成好多事哦，妳呢？妳也有要履行的人生清單吧？」

「有呀！我想要跟我的朋友一起去澳洲南邊的大洋路來一趟公路之旅，希望在還沒斷氣之前拿出我的勇氣！」

是呀！我們是不是常常因為不夠勇敢，而讓人生路程增加了許多遺憾？

是否在未來的日子，也可以讓我們學習老奶奶的精神「在還沒斷氣之前拿出勇氣」？

接下來我們一路都在分享自己在過去的人生中完成哪一些事、未完成哪些事，即便有些人生清單事項很愚蠢，但我們都知道，未來的我們不再自欺欺人，只為自己的人生清單負責。

“如果你不喜歡現在的自己，那是好事。
那代表著你想要一個比現況更完整的自己。
但，期望改變並不能帶來改變。
唯有下定決心採取行動，才有機會翻轉你的人生。”

讓自己勇敢一次

我站在欄杆上時其實還是非常害怕，但想到自己穿著一條內褲卻卡在欄杆不上不下的畫面都覺得好笑。我用力吸了一口氣，在心底默數一、二、三後一躍而下……

「等一下！藍池耶！」吉姆大叫後馬上停住車。

「泰瑞、安柏拉要不要下去看看。」

其實我跟安柏拉早就因為這一趟長途車程而感覺有些疲憊，多麼希望我們趕快抵達目的地瓦納卡，然後放下行李好好地睡一覺，但最終我們還是接受了這個極愛冒險的吉姆的提議，前往一探究竟。

很多背包客在紐西蘭自助旅行時都會買輛中古廂型車，然後在裡面放上充氣床墊，再配上行動瓦斯爐，就可以省下住宿及三餐開銷，只要車子保養得當，離開前再賣掉即可，吉姆就是這種打著如意算盤的背包客。但車子的耗損風險仍要考量進去，我也曾經遇到背包客買了一台外表光鮮亮麗，但內裝零件狀況連連的車，結果光是維修費用就超過買車費用，真的很不划算。

吉姆來自法國，二十六歲，在我所遇見的歐洲背包客裡算是少見的年紀歲數。大部分在這邊的歐洲背包客年齡都在十九、二十歲左右，有的是在進入大學前實行自己的空檔年（Gap year），出國打工度假或旅行，利用短則一年、長則數年的時間為自己訂定未來志向，有的則是在大學期間休學，重新尋找自己對生命或對所學的熱情。但吉姆自高中畢業後就投入工作，沒有目標、日復一日地度過，終於在二十六歲這一年不知什麼情況下突然醒悟，並下定決心擺脫以往的人生，來到紐西蘭找尋自我，也希望在明年重返校園前，為自己增加更多人生經歷。

＊＊＊

吉姆常常會有一些脫軌的行為，讓我精神衰弱。記得與他相遇那一天，當我搭便車到瑞富頓時已接近傍晚，在路上尋找旅館時看到吉姆正把車停在路旁，悠閒地在後車廂料理晚餐。心想這也許是我往下一個城鎮的機會，我大膽地走向前詢問。

「你好，請問你要往南邊的格雷茅斯嗎？」

「嗯嗯，是的。」他大口咀嚼著食物回答。

「我也要去格雷茅斯，你方便載我一程嗎？」

「好，沒問題。但等我吃飽後我要在附近走一走再上路。」

「哦哦！那太謝謝你了。」沒想到他這麼爽快地答應，害我還一時反應不過來。

在準備上路前，他拿著一瓶紅酒直接雙唇對著瓶口咕嚕、咕嚕地大口豪邁喝下，連杯子都省了。

我看到這一幕時整個超傻眼，趕緊把安全帶繫上，小心翼翼地用關心的口吻詢問他。

「你要開車還喝酒耶！沒有問題嗎？」

「放心啦！紅酒對我們法國人而言就像白開水一樣。」

聽他這麼一說，我並沒有比較放心，為此我還再度確認安全帶是

否牢固，可以在狀況發生時發揮它的作用。

車子上路後，只見他很自然地打起右轉方向燈要往北邊走時，第二次的驚嚇再次衝擊我的腦神經。

「你不是要往南去格雷茅斯嗎？」

「我要往北去西港呀！」

不是吧！這位法國老兄是喝醉了還是在耍我？你老兄在煮飯時我還拿地圖給你看跟你再次確認，結果上路的時候你竟然走反方向！

「可是之前你不是說要去格雷茅斯？」我不死心地再跟他確認。

「格雷茅斯……？」

他思考了一下，接著回答：「啊，對啦~我今天才從西港過來，如果又開回去，到時候不就會覺得怎麼這個地方我好像來過。」

他就是這麼有趣的傢伙，永遠讓我與他相處的每一刻都充滿著驚嚇與刺激！

諸如此類的事，在我們一起旅行的路上不斷發生，所幸一路下來都平安無事，也讓自己練就一身好膽。

而另外一位旅伴安柏拉也是來自法國，她與吉姆則有著截然不同的個性，我與她早在尼爾森的背包客棧見過面，當時僅有小聊一下，並沒有太多交集。很巧的是，我們又在法蘭士約瑟夫冰河的背包客棧相遇，因為我們的行程同樣都要往南走至皇后鎮，我就約她一起搭吉姆的便車。她雖然跟吉姆同樣來自法國，但她還是很有原則地希望可以多講英語、不講法語，來鍛鍊自己的英文思考能力與會話。而吉姆的英語雖然不太好，卻喜歡講故事，有時講著、講著還會變成法語，迫使安柏拉從中協助，充當我們之間的翻譯。但也因為如此，我們之間才有開不完的玩笑與說不完的垃圾話。最重要的是，我們也清楚第二語言講得好不好是一回事，重要的是你敢不敢表達。學會犯錯、不怕出糗才有機會讓自己成長。

***

我們一行人下了車之後，隨著指標走向藍池，路上偶爾會遇到幾個人身上覆蓋著毛巾、全身溼透的樣子，這讓我們聯想到是不是可以在藍池游泳。約莫二十分鐘後，看到一座鐵灰色的吊橋貫穿溪谷，吊橋下的瑪卡羅拉河在陽光照映下呈現清澈無比的淡藍色，一旁的淺灘上還有人在戲水。

天呀！我們剛剛差一點因為那糟糕的惰性，而錯過這個景點！如果這裡被喻為「最容易被忽略的祕境」一點也不為過。我們留意到吊橋上有一位光著上半身的男子，全身溼漉漉地跟旁邊的友人對話，對話的同時，手也不斷地往下方指示，我們好奇詢問：「請問你要跳下去嗎？」

「是的，我已經跳兩次了。」

一聽到對方已經跳過兩次了，吉姆的情緒突然變得異常亢奮，似乎也迫不及待地想要一躍而下。橋面距離下方河流約有十五公尺高，即便河水清澈、河底平坦，但叫我跳下去的話我還是拿不出勇氣嘗試，加上我們根本沒有帶泳褲來，這麼一來非常的不方便，不知不覺開始去找

一些藉口掩飾內心的膽小。可是吉姆不一樣，不知是他年輕氣盛還是酒喝多了，看到那名男子一躍而下之後，馬上將衣褲脫掉，只剩下紫藍色的小花內褲留在身上，雖然畫面不是很好看，可是他為自己的勇氣感到驕傲。

我經過數秒掙扎後，內心發出了怒吼。

「如果別人可以，我為什麼不可以？亞洲人可不是膽小懦弱的民族，為了台灣，為了自己，我決定讓自己勇敢一次。」

我也把衣褲脫掉，請安柏拉幫我們倆保管，當我重回橋上時，看著吉姆攀爬在欄杆上調整呼吸，忽然聽到一聲呼喊，他便以超人的姿態蹬出橋外直落水底，水花也隨著巨響向四方噴灑。

「哇！這真的是太棒了！」不一會兒的時間，吉姆即從水中冒出大聲喊叫。

吉姆繼續地說。

「泰瑞，換你了。超級過癮！」

天呀！我的雙腳已經不受控制地在發抖了，如果再這樣下去，我想連尿都會偷跑出來。我站在欄杆上時其實還是非常害怕，但想到自己穿著一條內褲卻卡在欄杆不上不下的畫面都覺得好笑。

我用力吸了一口氣，在心底默數一、二、三後一躍而下，在重力加速度之下我還沒有反應自己雙腳底下已空無一物，「唰」的一聲即落入水中。身體的肌膚瞬間佈滿了落水時產生的氣泡，沁涼的河水彷彿是為我的勇敢給予獎勵，讓我暑意全消。

「唷呼！太爽了，我要再跳一次！」我奮力地向水面游去，將頭探出水時對著天空大聲歡呼。

後來我與吉姆陸續跳了數次才結束今天的旅程。

朋友間存在的除了相互影響之外，似乎勇氣也會互相感染。也許吉姆有的時候太過瘋狂，但我感謝他在我需要勇氣的時候推我一把，讓我戰勝自己。

有了這一次的經驗我發現，「恐懼」就像是自己內心創造出的怪獸一樣吃掉了勇氣。

它，從來就不存在，但我們卻浪費許多時間去創造它。面對恐懼才能克服恐懼，在它還沒壯大到吃掉我們之前，我們都必須讓自己勇敢一次。

“當你勇敢踏出第一步後，你會發現比停留在原地還要簡單。重要的是，當你嘗試過，也許結果沒有預期中的美好，但至少，恐懼已不會再出現你的生命裡，而這份曾經的勇氣讓自己更值得驕傲。”

你就是力量

這裡曾經讓他們來不及與家人、朋友道別，看著一旁毀損的大樓、斑駁的鐵欄杆，讓許多人的回憶湧上心頭，頻頻拭淚。有人手裡拿著鮮花，為了紀念與至親的回憶。有人手裡拿著布偶，想為失去的孩子送上來不及給的禮物。

二〇一三年二月二十日，下午五點

距離基督城大地震兩周年追悼儀式還剩四十三小時

「再右邊一點，好！」意茹站在木板牆前指示著。

「抓好哦！我要鎖了哦！」湯尼再次跟站在另一頭的貴強確認。

「沒問題！」

不到三、兩下的時間，湯尼便很迅速地把木板牆固定。

對從事建築行業的湯尼來說這個工作並不困難，但對於一個外地來的背包客而言，如果少了這些工具，少了豐富經驗的湯尼，想要在短時間內築起這面牆，肯定是一筆龐大的花費，且也不見得可以在這急迫的狀況下完成。所幸，因為綺芳的協助，我們才可以在這麼緊急的狀況下請到湯尼來幫忙。

與綺芳認識是個機緣，她是位台灣媳婦，和紐西蘭老公湯尼在基督城相識結婚。記得當我還在北島的滑雪場工作時，她得知我正在旅行紐西蘭各地為基督城蒐集微笑後，傳了一個訊息給我。

「哈囉！泰瑞，我是紐西蘭基督城經營寄宿家庭的綺芳，無意間在臉書看到你的蒐集微笑活動，真的很棒！！若你有到基督城的話我可以提供你免費住宿兩天，鼓勵你的蒐集微笑動力及毅力，有需要的話要先通知我喔！我比較好安排 :-) 加油！！！ 綺芳 P.S. 我的承諾長期有效，確定日期再聯絡我，安排你基督城的住宿。」

簡短的幾個字，卻是如此地溫暖，讓我知道在蒐集微笑的路上，我並不是一個人，也許在世界的另一端也有人在默默關心著。

再次回到基督城時，原本已安排好自己在回國前將借住在意茹家，但因為之前答應綺芳的邀約，我決定先去綺芳家作客兩天，認識熱心的綺芳，分享自身經驗，順便體驗從來沒有過的寄宿家庭生活，也因

為如此我們彼此才產生交集。所以在我們確認場地的當天，苦惱自己沒有足夠的工具與人力來裝釘木板牆面，擔心無法在兩天內完成這面微笑牆時，突然想到綺芳的老公湯尼從事建築相關行業。第一時間馬上聯絡綺芳，希望可以請湯尼幫忙。電話的那一頭，他們絲毫沒有猶豫半秒，馬上答應，並無償協助我們，讓我們深受感動。

而在這之前，策動整個計畫背後最大的功臣就是意茹。同樣也是基督城華僑的她，經歷過基督城大地震，也知道這場天災為這座城市造成了多大的傷害，可是面對眼前變了樣的花園城市，她不知道自己可以做些什麼。直到她的朋友里安（見【澳洲篇】知足一文）告訴她，有一位台灣人正在紐西蘭各地為基督城蒐集微笑後，主動與我聯繫，並表示希望可以幫忙，一起努力將微笑帶回基督城。

在商討過後，我們決定由原本計畫將照片吊掛在鐵欄杆的想法改成找尋一個據點，把所有照片集中展示，並在展示區中繪製一個大型的紐西蘭地圖，標示出這些微笑的能量來自哪裡。達成共識後，我們一同拍攝募集微笑影片，設立網路社群專頁，並分頭尋找有可能的資源。在我繼續旅程在各地蒐集微笑的同時，她也積極聯絡基督城中許多民間團

體跟政府部門，試著爭取場地與經費的贊助。雖然過程沒有預期地順利，但我們知道自己正在做一件對的事情，即使沒有人願意協助，自己還是可以幫自己一把。只要堅定信念、全心投入，必定會吸引到更多志同道合的朋友一起參與此計畫。也因為如此，我們的誠心，感動當地毛利人畫家旺吉願意為我們無償繪出一幅大型的紐西蘭南、北島圖，而位於災區旁的重生廣場願意提供場地讓這項計畫可以在此長期展覽，還有好多好多的朋友也陸續地投入幫忙。

原來，選擇「放棄」很容易；但「成功」則需要堅持！我們的努力在最後三天得到回應，藉由此次經驗也才真正明白，成功雖然來得慢，但堅持才能嚐到甜美的果實，而過程中的挫折也為自己曾經的努力留下精采的回憶。

二〇一三年二月二十二日，上午九點五十分

距離基督城大地震兩周年追悼儀式還剩三小時

「哈囉！泰瑞，我們來了！」粉紅姐與綺芳看到我，大聲地打招呼。

在她們身後的是一群同樣也是打工度假的背包客，有些人來自台灣，也有來自中國及香港的朋友。他們都是在粉紅姐與綺芳的號召下而來協助的。趕在追悼儀式前，我們一群人加足馬力做最後的衝刺，要將一千多個微笑固定在這面三公尺高、八公尺寬的牆上，這可不是件輕鬆的事。每一張照片都已事先護貝起來，也根據城市將蒐集的微笑做好分類。有人負責用釘槍固定，有人拿鐵鎚在後面補強，有人幫忙畫線，也有人忙著為好奇的民眾解釋著。每個人全心全意地投入在這個計畫裡面，即便累了，臉上仍然掛著笑臉。看著他們默默地付出，我知道，這一天也讓我們大家的心重新凝聚在一起，一起為這座花園城市付出己力，為災民帶回微笑的同時，相信在那個當下，這項行動也在每一個人心中埋下希望的種子。

二〇一三年二月二十二日，中午十二點五十分
距離基督城大地震兩周年追悼儀式還剩一分鐘

在基督城市中心的重生廣場上，聚集許多當地居民與來自世界各地的遊客，對於居民們而言，兩年前的同一時刻是生命中最沉痛的記憶，對部分遊客也是。這裡曾經讓他們來不及與家人、朋友道別，看著一旁毀損的大樓、斑駁的鐵欄杆，讓許多人的回憶湧上心頭，頻頻拭

淚。有人手裡拿著鮮花，為了紀念與至親的回憶。有人手裡拿著布偶，想為失去的孩子送上來不及給的禮物。原本喧鬧的廣場在主持人手搖鈴響的同時轉而肅靜。

「上帝保佑基督城。兩年前的一場地震，造成一百八十五人在此失去生命。我們永遠也不會忘記，他們的名字會永遠深刻地烙印在我們記憶裡。今天，我們齊聚在這，一起為那些我們失去的至親默哀。」

在場所有人在主持人的帶領下，全部閉上眼默哀兩分鐘。

兩分鐘後，手搖鈴再次響起……

「上帝保佑基督城，謝謝！」主持人說完後脫帽致意。

居民們紛紛將帶來的鮮花擺放在紀念碑旁，含著眼淚，送上最後的祝福。兩年前的今天是沉痛的，但他們透過追悼儀式回憶與至親的點點滴滴，曾經的美好將覆蓋掉苦澀的回憶，幫助他們從傷痛中走出。

＊＊＊

在重生廣場的另一個角落，我們也在為這面微笑牆做最後的補強，一位父親帶著一對兒女在我們身後停下。綺芳熱情地向他們解釋並邀請他們一起為基督城盡份心力。

「親愛的，妳要不要幫基督城帶回微笑呀？」父親對著小孩說。

「好呀！怎麼做？」孩子童言童語地回覆。

我們遞給父親一個榔頭，請他幫忙把裸露出來的釘子打平。他立刻彎下腰為孩子示範，打了數個後便將榔頭交給女兒，請她一起參與這項工程。

「爸爸，是這樣嗎？」

「親愛的，妳做得很棒！」

父親接著說：「親愛的，這些微笑都是來自紐西蘭各地的，他們都想為基督城帶回微笑，今天妳也有幫上忙哦！」

我很高興看著這位父親藉此機會給孩子機會教育，讓孩子認同自己也是有能力為別人付出。

但對我來說真正開心的是，每個人都願意投入一己之力，只為了讓這個城市更美好，幫助居民重新站起。看見大家一起實現夢想而團結努力，讓我的內心受到極大鼓舞。

在最後一張相片固定後，我們大伙高興地歡呼擊掌，這一刻獨有的感動是屬於我們的共同回憶，因為我們一起努力，終於在短短的三個

小時就完成了這面微笑牆。相信此刻在我們的心中，衷心希望透過這些照片做成的集氣牆，可以將微笑重新帶回基督城災區的人們的臉上！

當所有照片固定在牆後，身後原本站在遠處觀看的民眾也逐步靠近……

「謝謝你們。」

「這讓我重新拾起笑容。」

「這提醒我要繼續前進。」

「很棒的計畫。」

我聽到那些聲音，那些發自內心感動的聲音。

我看著每一位在微笑牆停下腳步的朋友，都因為這面牆而轉換心情。有人微笑著擦拭眼角淚水，有人微笑著互相討論。我知道，這些微笑的力量正在影響著他們、改變他們的心境。看見他們臉上的反應，從原本緊鎖的眉頭轉為嘴角上揚的笑容，再次證明這一路走來的堅持與努力都是值得的。

＊＊＊

其實，打從這個計畫一開始，我只想要一個人默默地做，不想要麻煩別人，透過自己的力量完成。

但這一路走來，我知道自己的力量是有限的，如果可以發揮自己的影響力去感染他人一起投入的話，並將大家的力量凝聚在一起，那我們就可以創造更大的效應，影響更多人。而過程中你更可能因此認識志同道合的朋友，也讓他們可以藉此機會發掘自己的能力或互相學習。也許未來的他們會在世界的另一端也開始為這個社會付出，為他人盡一份力，甚至用自身的能力去影響更多人。

記得，當天在我們大家要離去前，有一位背包客對我說。

「泰瑞，感謝你讓我們加入這個計畫，雖然前面我們沒有機會與你一起參與，但今天深深體會到自己也有能力為他人付出。」

是呀，我相信每個人都有能力可以為他人付出，「做」與「不做」只在一念之間。

只要我們有心，往前踏出一步，你會看見自己的無限可能。

記得，也許我們一個人的力量無法改變世界，但我們卻可以從改變身邊朋友的世界開始。

“
雖然在追求夢想的路上難免會遇到挫折，甚至會懷疑自己是否有機會完成夢想。
而那個唯一不變的信念是告訴自己：「只要勇敢地去嘗試，就有機會；如果你連試都沒有試，那就別說什麼機會了！！」
如果你還有夢的話，就試著努力去實現吧！
”

03

日本

也許，生長在台灣的我們常常被社會拘限著、被環境拘限著，甚至被自己拘限著。我們試著努力讓自己成為「別人想像的那個人」或是「他人期望的那個人」。仔細想想，這一切的努力不過就是為了那個叫「面子」的東西。到最後我們卻無法成為自己喜歡的那個人，甚至討厭起自己。

不知從何時開始，我們漸漸地變成那個人，而那個人卻與真實的自己愈走愈遠。

改變，應該是讓自己更愛自己，而不是為了讓別人去愛你。如果你連自己都不愛自己，又如何期望別人去愛你呢？

喜歡桂綸鎂受訪時所說的一段話：「做自己，也能夢想成真。」

如果你再問我一次同樣的問題，我會告訴你：「現在的我很開心，做自己喜歡的事，成為自己喜歡的那個人。」

PANDO
Leave Your Smi
Leave Your Bles
For Christchurc
Hit The Butto
Collecting Smiles
1000 Smiles Collecting Join Us Now
Smiles
Christchurch : 116
Dunedin hospice : 161
Invercargill :

一日補教名師

我很肯定方圓一百公里都沒有人搭便車，只有我獨自一人站在街頭高舉搭便車的牌子，即便每一台車都快速地從我身邊呼嘯而過，但我不可以因為他們沒有停車而沮喪，我必須樂觀地思考：「整條道路沒有人跟我競爭！」

我站在高速公路交流道的入口處，手舉著「三一一，東北搭便車」的標示……

這一次來到日本，我也想要複製在紐西蘭蒐集微笑的方式，搭便車旅行全日本，並把在各地蒐集到的微笑帶回東北震災地區。可是其實當我將那笨重的行李放下，目送朋友柳澤淑美離開後，突然後悔做了這個決定。

為什麼自己會選擇在日本搭便車呢？日本已經是個開發國家，交通的便利性也是世界有名。理智面不斷地清楚盤算，分析自己做的決定是否太過於天真，但現實面最終還是回歸到羞澀的荷包，讓我只好選擇用這種方式來節省旅費。

為了這次的旅程，在出發前我還特地上網看了一些外國人在日本搭便車的心得及影片，即便腦袋還是不斷地提醒自己「這是日本、這是日本耶！」，但看了這麼多成功案例，還是讓我很想試試，畢竟在未嘗試之前就放棄的話，我會很看不起自己。

而且柳澤淑美也是為了協助我，讓我借宿她家，並在全日語的環境裡面接受二十四小時的日語轟炸。不過對於五十音還是五十肩都搞不懂的我，效果真的是非常有限。只能用英文或注音符號在一旁標示。除此之外，她還特地幫我製作看板及備忘錄小冊，就是希望我可以靠著這幾個簡單的道具完成這次旅程目的。這時真的很慶幸自己兩年前在澳洲教堂學英文時可以認識柳澤淑美，如今我們又在地球的另一端重逢。回想起自己可以在正式出發前，在她的幫忙下得到這麼多的妙用錦囊，不知不覺自己的信心也提升數倍。

＊＊＊

這一天，我刻意穿上亮紅色的T恤，目的就是讓自己可以更容易被注意到。但我卻像個被遺棄的人型看板一樣乾站在路上，往來的車輛似乎是對我的行為不感興趣，每一個駕駛人都是眼睛直視前方，連與我眼神交會的機會都沒有。偶爾才有幾輛車的駕駛人好奇地盯著我看，但腳上的油門絲毫也沒有鬆開的意思，仍然快速地從我身旁飛快離開。

每一次在等待時，都是自己與自己對話的時候。我開始想起自己曾經在紐西蘭搭便車時，短短兩百公尺就有三組背包客要搭便車，有男子個人，也有女子團體。這個時候，每個背包客無所不用其極吸引駕駛人注意，希望可以得到幸運之神眷顧。樂觀的人會想，這個地方搭便車是安全的。如果是負面思考的則會認為太多人競爭，何時才輪到我？

場景再拉回到日本，我很肯定方圓一百公里都沒有人在搭便車，只有我獨自一人站在街頭高舉搭便車的牌子，即便每一台車都快速地從我身邊呼嘯而過，但我不斷地告訴自己：「不可以因為他們沒有停車而沮喪，我必須樂觀地思考『整條道路沒有人跟我競爭！』每一個人都有可能為我停下車來。」也許正因為這樣想像比較快樂，好事通常都會隨著發生。

50

而竹政德明先生似乎聽到我內心的自我對話，他打了方向燈，放慢速度在我後面五十公尺處停了下來。我抱著不確定的心情看著那台車，猜想他會不會只是尿急停下車在路邊解放。直到他對我揮揮手時，我就知道自己又證實了在日本搭便車是可行的事實了。

「這個，這個。」我用生澀的日文比著手上的地名。

「新潟……嗯……」他一臉為難地好像告訴我不順路。

但他繼續說。

「新潟是往西，我要去的地方是桐生，往北。」

往北不就是往福島方向嗎？也好，雖然跟我預計的路線不同，但我也是想到新潟後再轉往福島，在某種程度來講也算順路，只不過是新潟改成桐生而已。

「那沒關係，我跟你走，好嗎？」

「往桐生，你確定嗎？」

「對，往桐生。」

竹政先生年約四十歲，黑髮中夾雜了些許白髮，打從上車後，他臉上的笑臉從來沒有停過，似乎正為自己竟然可以在路上撿到一位來自台灣的背包客感到高興。他此行是要前往桐生的補習班做例行性的教學，碰巧的是，他是位英文老師，所以他可以不用忍受我那破爛的日文而改用英文溝通。

「你是來玩的嗎？」

「不，我是來為東日本震災蒐集微笑的。」

「蒐集微笑？為什麼？」

我告訴他關於自己在紐西蘭為基督城蒐集微笑的經歷，過程中真實地體會到微笑帶來的正面力量，不僅幫助了災民之外，也幫助了自己得到更多的正面能量。

「我想要將這股力量也帶到日本，讓日本的朋友重新再站起來。」

「聽你這麼一說，快樂其實也可以很容易。」

「是呀！當你給人家一個微笑時，別人也會還你一個微笑。就像我們現在一樣。」我對著他露出大大的笑容。

頓時我們兩個同時笑了起來。

「我有一個想法，我想要邀請你到我們的補習班蒐集微笑。」他突然興奮地提議。

「真的嗎？好呀！」

「我也希望你可以對我們的學生分享你的故事，希望對他們有所啟發，也可以順便訓練英文聽力。」

「哈哈！好主意耶！」

＊＊＊

「各位同學，我們今天邀請到一位台灣的朋友來為我們分享經歷。」

只見竹政先生在開課前對著台下的學生講完後，對我招手示意。看到這麼多青澀臉孔，每個人都瞪大眼睛地看著我，好像都在期待什麼。

我開始跟大家分享自己的計畫，也解說了如何在鏡頭前面留下微笑。但害羞的他們好像被點了穴一樣，每個人始終站在原地沒有任何動作，表情盡是充滿疑惑。整間教室的空氣像是靜止一般，如果我當下放了一個屁，一定會打破現場的凝結氣氛，但為了保持空氣品質與降低地球暖化，我動手拉了一位離我較近的男同學來示範如何留下微笑。

笑顔を集めてます

DECIDE
NEW

「來、來、來，你看起來最帥，你來拍一張。」
當他手持著快門線，按下拍照片按鈕的那瞬間，我感覺全世界都笑了……對！一點也不誇張，他身後的每一個人好像都等著看自己同伴出糗而笑了。
「是不是很簡單，有沒有玩過烏克麗麗？」我繼續地跟男同學互動。
「沒有。」
「來，這個給你拿著拍照。」
待男同學拍完後，竹政先生也站出來親自示範。
卡嚓、卡嚓，站在後面的同學也都湊過來等著，看著大家慢慢地投入，自己也感到很高興，也慶幸自己兩小時前做的決定，才有機會與竹政先生來到這裡蒐集大家的微笑，真的是一次很難得且特別的經驗，也為自己接下來的旅程增加了許多信心。
「泰瑞，你要不要等我下課後再載你一程。」結束拍照後，竹政先生問。

「哦！好呀，那我就等你下課。」

＊＊＊

當我們再次上路時，車子竟然是往高速公路開去，此時的我感到莫名奇妙，怎麼會上高速公路呢？

原來他有計畫性地把我放在高速公路上的休息區，那裡是許多長途車輛會暫時停靠休息的地方，日本的車牌都會標示地名，只要稍微留意一下他們的車牌是不是來自北部，不難找到要往北的車輛。

「在這邊有很多卡車司機會做短暫休息，只要主動問問就會有機會。」他說。

天呀！這招真是一絕呀！一下車之後我們兩人就像在尋寶一樣，繞著停車場、半彎著腰到處看車牌，一看到北部地區車牌後就鞠躬詢問，但幸運之神似乎離我們還有一點距離，我們將近問了半個停車場仍然沒有機會搭上便車。一直碰壁之下，我也開始感到不好意思了，畢竟我對他而言只是個搭便車的人，其實他把我載到這裡就算是幫了我一個大忙，不用陪我這樣到處詢問。

可是就在此時……

我看到竹政先生不斷地對一輛轎車內的中年男子鞠躬，似乎是終於問到可以幫忙的人了。

「泰瑞，他只到宇都宮，離這裡只有半小時路程，如果你不介意的話。」

「當然不會，真的很謝謝你，謝謝你的幫忙。」

在我上車前，竹政先生對我說：「我在你身上感受到快樂的因子，我覺得今天很開心。」

這一句話，直接觸動到我的內心，突然感到一陣鼻酸。在這短短幾小時的相處之下，你可以感覺到他是如此真誠地對待自己，每一個動作都是真心的，甚至到最後離別的言語都是溫暖的。

努力強忍著淚水上了車，跟竹政先生揮手道別時，窗外的他用九十度鞠躬為我們送行……

竹政德明先生，我會永遠記得你的！

“樂觀是免費的，請盡情享用！！”

他手上拿了一把將近半個人身高長的恐怖大剪刀，搭配著詭異的笑容在我面前喀嚓、喀嚓地比劃，野枝女士也很有默契般地從後車廂拿出幾包麻布袋……我心想，現在到底是在演哪一部戲，該不會遇到壓力過大造成心智變形的怪異夫妻檔吧！

盛岡

來日本之前，我只能從網路上去片面瞭解遭受海嘯毀損的地區的重建狀況，也許有很多訊息還不夠完整，讓我只能透過僅有的資訊來猜測。我告訴沙發主宮崎，希望用自身的感官去感受當地，走進災區，看看自己可以為他人做些什麼，也可以讓我在接下來的旅程中，透過自身的經歷去讓更多人繼續關心這些被遺忘的地方。

「你應該再往上到盛岡去看看。」宮崎說著。

「盛岡？」

「盛岡沿海一帶也遭受到海嘯無情的摧毀，目前有交通可以到達，也許可以給你此行一些想法。」

由於地震與海嘯的影響，大部分的區域不是鐵路無法行駛就是道路被封閉，如福島災區周邊都被封鎖，即便自行駕車也無法前往。而其他地區，則因暫時無法提供大眾交通工具，需自行開車才能前往。也許盛岡是唯一的機會，讓我可以搭乘大眾交通工具進入災區了解當地狀況。

隔日，宮崎開車載我到鄰近的交流道旁，為的就是希望讓我今天可以順利搭上便車從仙台到盛岡。

四月的東北地區平均溫度大約在十三度左右，偏偏這週還有寒流來襲，聽說北部盛岡周邊甚至還落下難得的四月雪。想當初離開台灣前，天真地以為日本天氣跟台灣差不多，保暖衣物也僅帶一件登山外套即出門，結果落到現在站在馬路邊被風吹得頻頻發抖。站在加油站旁的我，甚至一度想要躲進加油站裡，只好藉由不斷地揮動大姆指及搖晃搭便車的紙卡，才可以讓身子暖和些。

＊＊＊

三十分鐘很快地過去了，如果有認真細數來往車流量的話，應該有超過一百台吧。就在被冷風吹到有點恍神時，突然一位女士從加油站

旁跑來跟我說話，在日語有聽沒有懂的情況之下，我大膽地猜測她是問我要去哪裡。

「這個，這個。」我趕緊把預先寫好的地點「盛岡」拿給她看。她看完後回頭跟坐在駕駛座的先生討論一番後，皺著眉頭好像是說我們沒有要去這裡，很抱歉。眼看這千載難逢的機會即將溜走，我趕緊再把另一個法寶拿出來給他看，上面是朋友幫我寫的小抄，其意思是「只要是順路，不用到達目的地，中途隨時可以讓我下車。」

她看完後又跟先生再次討論起來，不一會兒的時間便示意叫我上車。

我開心地歡呼後，迅速地將行李拿至車子後方，但就在此時，悲劇發生了！！

停在面前的這一台日系血統的藍色小車，後座除了坐在安全椅上的小男孩之外，過多的雜物已占據車子的剩餘空間，雖然他們稍微收納一下，但我的行李太多了，不論我直擺、橫擺還是草枝擺，行李依舊塞不進去。從澳洲、紐西蘭到日本一路旅行下來，搭過這麼多便車，從來沒想到這狀況竟然有一天近距離地在我眼前上演，最後在百般無奈下也只能雙手一攤，跟他們道謝後繼續等待下一次機會。

他們臨走前似乎對無法幫上忙感到抱歉，特地留下了一根香蕉跟幾包糖果給我，握著我的手，口中像是說著你要保重。

約莫二十分鐘後，看到遠方有一位男士不斷地笑著揮手向我走來。是那位剛剛行李塞不下的先生?他們應該已離開仙台往北方離去了，不是嗎？

「盛岡？」他像是想要確認我是否要去這個地方般地詢問。

「是的，盛岡！」

只見他提起我的行李，便示意要我跟他一起走。老實說我有點摸不著頭緒現在是什麼狀況，只好拿起所有家當跟在他後面。到了速食店旁，看到他老婆正在後車廂整理，努力地為我挪出一點空間，讓我跟行李可以剛剛好、完整無縫地塞進車子裡。想到他們不僅特意為我整理出空間，還願意返回載我一程，突然覺得很感動。但令我不解的是，當車子再次上路時竟然是往反方向開去，這個時候一度懷疑我們之間的溝通是否出現問題，但地名再怎麼搞錯也不會是往南走才對呀?!

「盛岡？」我再次跟他確認，希望彼此認知是同一地點。

「盛岡！」他笑著回答，口氣是如此地堅定。

樋口治先生與野枝女士，夫婦倆是完全不會說也聽不懂英語的日本人，遇上了我這個只會說謝謝跟對不起這兩句日語的台灣人，唯一能溝通的方式就只剩肢體語言及眼神了。為了讓他們知道我前往盛岡的目的，我在車廂有限的空間裡使出渾身解數、手腳並用為他們比劃曾經在紐西蘭蒐集微笑的經驗，以及前兩天在仙台車站旁蒐集微笑的事。看著他們似懂非懂的表情，心裡還是不免擔心自己的表達方式是否真的有清楚傳達訊息出去。

坐在車子裡，抱著疑惑的心情看著外頭的景物不斷在市區中穿梭，隨著車子愈往南方行駛，心裡愈逐漸感到不安。最後終於在一處看起來有點簡陋的社區停下，四周的建築物皆為二層樓公寓住宅，部分建築物外牆甚至有著大面積的油漆剝落，一旁的雜草也像是不受控制地向天空無限延伸，這邊已接近廢墟了還有人住嗎？我不免開始胡亂猜測。

樋口治先生將車子停靠在兩棟建築物之間後即下車，再看到他時，只見他手上拿了一把將近半個人身高長的恐怖大剪刀，搭配著詭異的笑容在我面前喀嚓、喀嚓地比劃，野枝女士也很有默契般地從後車廂拿出幾包麻布袋……

眼前的畫面讓我心跳加快，腎上腺素急速上升。我心想，現在到底是在演哪一部戲，該不會遇到壓力過大造成心智變形的怪異夫妻檔吧！雖然強忍不安、故作鎮定，但臉上表情卻好像出賣了我內心的惶恐。

＊＊＊

只見他們夫妻倆帶著大大小小的工具往其中一個住宅走去，來回幾趟後，車子的空間也變得寬敞許多。原來，樋口治先生從事園藝工作，所以車上才有園藝用的大剪刀及可以把人埋起來的大圓鍬之類的工具，由於往盛岡的路程太遠，他們決定先將車上不必要的東西放在家裡後再出發。

而這看似簡陋、外觀破舊不堪的公寓就是他們的住所，我突然感到非常不好意思，擔心自己的搭便車會為他們產生額外的費用，試探性地告訴他們，擔心耽誤他們的時間，其實可以把我放在交流道旁，我再另外搭便車即可。但樋口治先生卻笑笑地表示自己是失業中，沒有時間上的問題。

再次上路時，車子並沒有往高速公路上行駛，而是往沿海地區行駛，我們一路經過松島、石卷市、南三陸町與氣仙沼市後再轉至盛岡。

原本只需要兩個小時的車程，因為他們刻意繞道、協助我深入了解災區狀況，並為我解說哪些區域曾受到海嘯嚴重衝擊以及受災狀況，整個行程從下午一點多開始，直到晚上八點多才結束。其實據瞭解，他們家境狀況不好，兩年前更因為海嘯的關係，失去了家園、汽車及所有的一切，目前還處於失業的他們沒有要去盛岡，更沒有要往北走，只是看到我要搭便車而單純地想要幫我。

抵達盛岡車站後，他們還關心著我是否有落腳的地方，不斷地叮嚀我東北氣溫酷寒，注意保暖。

七個小時的相處下，即便彼此間沒有過多的語言交流，但內心卻似乎早就因為這一趟旅程而產生許多連結。

你可以真實地感受到他們是如此地真誠待你，即便經濟狀況不好，但他們對一個素未謀面的陌生人，能夠如此無私地付出，是我從未預想到的。

揮手向他們道別的同時，淚水也在眼眶中打轉……今天他們為我上了一課，讓我學習到「懂得分享與為別人付出才是最富有的」。

樋口治先生，野枝女士，謝謝你們。

“人生的經驗用身體去感受比較深刻，
用旅行的方式去摸、去經歷、去感覺這個世界，
不論是一星期、一個月或是一年，你將會一輩子都記得！”

大哭一場

在浴室裡，熱水不斷往身體澆淋的同時，淚水也不爭氣地從眼眶流下，原來我並沒有想像中的堅強，孤獨與無助的感覺瞬間淹沒我的情緒……

我在水戶車站外遇到一群穿著制服的學生，他們的身上都背著白底綠字的背帶，一旁還有數個兩公尺高的綠色大旗幟，上面寫著一串我看不懂的日文並穿插著「東日本大地震」、「海嘯」、「募集」等漢字。我好奇地向前詢問後，他們告訴我，這個募款活動一年僅一次，主要是給予災區醫療方面的協助，此外也輔導那些在災害中失去雙親的小孩。看到他們的熱情與笑容，我當下終於明白，其實在這塊土地上，仍然有一些人默默在為他人努力，即便沒有得到善意的回應，但想起自己每一次的付出都有機會為災民帶回希望或改變他們的環境與心境時，就不會被無情的挫折打倒。我興奮地告訴在場學生關於自己蒐集微笑的計畫，並表示如果可以，希望我們明天可以一起在這個地方為災民努力，讓更多人可以繼續地關注災區的狀況。

離開後，我想到自己個人的力量太過於薄弱，也許可以藉由媒體的力量來協助宣傳，讓我們這次的中、日合作活動可以達到最大的效益，我拿起筆，記下幾個當地的電視台及報紙電話後，即出門用戶外公共電話撥打。

「你好，請問你可以說英文嗎？」

「啊？」電話那頭傳來高八度、又害怕、又懷疑的口音。

「你好，我來自台灣，有人會說中文或英文嗎？」

「不、不、不。」

接下來就傳來嘟嘟嘟斷線的聲音，只留下電話這頭傻眼看待這一切發生的我。

我不死心地再試了幾通電話，得到的結果都跟之前一樣，讓我開始感到灰心。此刻，突然想起之前我在澳洲雪梨讀語言學校時認識的一位台灣友人睿綸也正在日本，彷彿又看到一線希望。

他會說一口流利的日語及英語，持有工作簽證的他在東京知名餐廳工作，並利用下班時間上廚藝學校鑽研廚藝並提升自我技能。雖然我們在澳洲語言學校課程結束後各奔東西，沒有常常聯絡，但透過網路社群，我們都能大概了解彼此的近況。熱血的他聽完我整個日本蒐集微笑的計畫後，毫不考慮地表示願意盡一己之力，協助我聯絡媒體，並與當地募款團體做進一步的聯繫。

但現實的考驗卻沒有因為他的幫助而減少，日本媒體在基於許多的考量下，必須確認受訪人的背景、經歷及詳細的個人資料後，才會進一步地考慮是否願意派員採訪。不論他如何努力地與日本媒體溝通，並鉅細靡遺地闡述我在紐西蘭蒐集微笑的經歷或是日本蒐集微笑的過程，仍然得不到他們一絲絲的信任。而募款團體在不清楚我的來歷之下，擔心我心懷不軌，損壞他們的名義，堅持表示不願意合作。

聽到睿綸氣憤地跟我說明整個事情的經過，老實說，我的心情已涼了半截，好不容易找回的熱情似乎被硬生生地澆了一盆冷水。「做」與「不做」，只剩一念之差，我也明白沒有人有義務要支持這項計畫，但不管別人怎麼否定自己，只有自己才有權利否定自己。

＊＊＊

記得前一天剛抵達水戶時，看著行事曆發現已經接近四月底了。此行是持僅能停留三個月的觀光簽證，在七月十日離境以前，我必須在緊縮的預算壓力下完成自己出發前設下的目標：「在日本各地蒐集微笑並帶回災區，藉此重建災民的心靈。」

無奈的是，儘管我用搭便車取代了交通費的支出，用搭帳篷、當沙發客或廉價旅館來節省開銷，但我的經費還是被日本的高消費給無情快速地吞噬掉。

這一次來日本蒐集微笑的計畫並不如預期中的順利，幾場活動下來，不論是在市中心或是在觀光景點蒐集微笑，得到的反應都不如澳洲與紐西蘭那樣地熱絡，讓我內心非常受挫，且參與的人數更是寥寥無幾。雖然在出發前已瞭解到亞洲與歐美文化之間的差異，但卻沒有預料到，當自己真實體驗過後，竟是一次又一次對信心的殘忍打擊。

那晚，因為前幾天在仙台淋雨搭便車時著涼，身體狀況極為不舒服，加上想起這段日子所有的不順遂，所有的負面情緒毫不保留地傾洩而出，讓之前在澳洲與紐西蘭蒐集微笑過程中所累積的自信與能量在這天完全崩潰。我不禁開始懷疑自己，懷疑此行的意義與價值，我從來沒有這麼悲觀沮喪過。

在浴室裡，我蹲坐在角落，熱水不斷往身體澆淋的同時，淚水也不爭氣地從眼眶流下，原來我並沒有想像中的堅強。孤獨與無助的感覺瞬間淹沒我的情緒，我失控地躲在浴室裡大哭一場，坐在地上久久不能自己，當下心裡只有一個念頭：「放棄吧！」我不在乎接下來別人會如何看待我，現在的我，就是沒有辦法再繼續堅持下去。現在，最想做的就是買張機票回國去，結束這一場鬧劇。

睡前，我握著胸口那塊友人送的紐西蘭毛利人的傳統飾品，仔細回想一整天所發生過的事及所遇到的人，懷抱感恩的心境去面對那些曾經發生在生命中的所有事物，不管是好的、壞的，都幫助我今天有所成長。這樣的習慣總是能幫助我重新轉換心情，重拾已耗盡的正向能量，讓我在進入睡夢前可以保持樂觀與喜悅的態度。

即使今天沒能得到媒體的認同及募款團體的支持，但，我也不能因此而放棄。

＊＊＊

蒐集微笑的這天早上，睿綸再次打電話給我。

「泰瑞，昨天晚上我又再跟他們聯絡一次。但他們還是堅持無法跟你合作，很抱歉。」

「啊！那真的很可惜。」

「沒辦法，因為你不是團體，加上他們的活動跟金錢有關係，考量的範圍較廣。」

「好吧！不過真的很謝謝你的幫忙。」

「不要氣餒，並不是所有日本人都這樣。如果有需要任何幫忙，你再打電話給我。加油！」

雖然最後我還是沒有得到該團體的合作意願，但睿綸的行動著實感動了我、激勵著我，也慶幸自己三年前在澳洲與他結下了善緣，今天才有這個機會得到他的支持與協助。

整理好心情後，我再次回到水戶車站，那裡早已聚集了數十位穿著制服的學生，聆聽著站在台上的會長講述著募款注意事項。我在他們的附近來回走動，猶豫要不要再詢問一次合作機會，雖然睿綸已告訴我

對方明確的答覆，但我告訴自己：「在放棄前，再嘗試最後一次。」

當學生們開始散去時，我抱著最後的希望走向前，詢問學生會長是否有合作的機會。雖然得到的答案不免讓人感到失望，但我為自己曾經的努力感到高興，至少，這個行動證明了我並沒有失去自己對此活動的熱情。

活動過程中，我們很自然地分成兩個區塊為各自的目標努力，而有一群學生則利用休息的空檔，刻意拿下身上募款的背帶，跑來留下微笑。是呀，仔細想想，該團體有責任與義務確保他們的活動在沒有第三方的風險下運作，且學生們也可以在訂定的制度規範內受到保護。但在制度規範之外，她們用行動告訴我，即便我們無法一起合作，但我們的心卻繫在同一件事，也正在一同為災區的朋友努力著。

結束蒐集微笑的活動後，我將自己身上的零錢投入他們的募款箱裡，告訴他們：「我們一起加油。」

“無論遭遇什麼樣的困境，只要肯努力嘗試，就不算失敗。
真正的失敗只有一種，那就是你不再努力。”

簡單快樂

每天早上醒來，眼睛睜開第一件事就是煩惱要如何搭便車到下一個城市，到了下一個城市後又要在哪邊落腳。身體的勞累再加上心理的疲憊，讓我開始掉進混沌的漩渦裡。

「去神戶塔吧！」當我坐在電腦前苦惱著要去哪邊街頭表演時，沙發主愛里對我說著。

她接著說：「日本曾經在一九九五年發生過七點多級的神戶大地震，而你也在為日本三一一大地震蒐集微笑，一定會引起很多人的共鳴，留下他們的微笑。」

聽她這麼一說，我彷彿吃下了一顆定心丸一樣，信心滿到幾近破表。

那是一個炎熱的星期六，中午時刻，神戶港口旁的購物商場內外已出現滿滿的人潮，對於眼前的景象，我開始期待著接下來蒐集微笑的活動。我依照愛里給的建議，選了一個背景可以看到神戶塔的位置進行表演，站在烈日下幾個小時賣力地演出後已耗掉我大半體力，我像是洩了氣的皮球一樣坐在神戶塔附近矮牆上，從背包裡拿出一張大約是五十公分正方形大小的黃色紙卡，上面是記載著所有城市蒐集到的微笑數字。我將今天蒐集到的數量寫上去，「兵庫：二十八」，這個數字讓我感到有些意外，相較於其他城市所蒐集到的數量而言，神戶的朋友們反應明顯比任何一個城市還要冷淡許多。即便這裡有著大量的人潮，但真正停下腳步留下微笑的人卻不如預期。

我看著手中那一張黃色的紙卡，開始細數之前走過的每一站，「桐生」、「岩手」、「宮城」、「福島」、「茨城」、「東京」……原來這些日子，我已在十二個城市表演過，所蒐集到的微笑也達到六百多個，但是我的熱情好像並沒有隨著微笑的數字變多而增長，反而像是因為長時間密集地奔走於各地之間而慢慢地減少。

我開始回想著，對於此次日本行，我從來沒有想過去哪裡玩或吃

些什麼特產，那對我而言，是連想像都覺得太過奢侈的事。由於時間緊迫，我能做的就是一站接一站不停地移動，在每個地方短暫停留、表演，然後離開。也因為如此，每天早上醒來，眼睛睜開第一件事就是煩惱要如何搭便車到下一個城市，到了下一個城市後又要在哪邊落腳。身體的勞累再加上心理的疲憊，讓我開始掉進混沌的漩渦裡。以現在這個狀況來看，我什麼也不想做，那裡也不想去，只想要靜靜地坐在神戶港口邊發呆，希望停下腳步給自己喘息的機會，讓煩雜的思緒隨著時間慢慢流逝。

***

一個人旅行，最大的挑戰就是心理層面，沒有人可以分享，沒有人可以分擔，所有的喜、怒、哀、樂全往肚子裡吞。二十四小時之間，最頻繁的對話對象就是自己；如何自我調適，一直是獨自旅行最大的難題。如何讓情緒找到出口，永遠沒有一個標準答案。

短暫的停留並沒有讓狀況好轉，反而讓埋藏在體內的負面情緒毫不留情刺破我心中的懦弱。在回家的路上，我像拖著一個沒有靈魂的軀體，看起來極度狼狽。即使前一秒我還在大街上揚起嘴角，散發熱情邀請來往路人留下微笑，但在結束活動過後的心裡深處卻像是打敗戰的鬥士，對接下來的旅程毫無期待，更感到無力。

在踏入車站前，我留意到一位男子背著一把吉他在車站外頭架設譜架，像是正在為街頭表演做準備。只見他在所有準備工作完成後，用力地扯開喉嚨對著麥克風大聲嘶吼：「喔喔——喔喔——」，然後開始賣力地彈著吉他，並用他渾厚獨特的嗓音唱著歌曲。一首接著一首，即便沒有人停下腳步，但他還是用盡全力地演唱。這一刻，眼前的畫面深深觸動我的內心，看著他專心地沉浸在自己創造出來的快樂氛圍中，彷彿看到自己在街頭上表演的樣子，那個當下是如此地享受音樂帶給自己的喜悅，然後再分享給別人的簡單快樂。

看著自己手上這把烏克麗麗，回想自己三年來旅行中它所扮演的角色，不管是喜與憂，只要找到一個屬於自己的空間，它都能帶給我最平凡、最真實的快樂。

此時我留意到他身後的自動販賣機上，可口可樂的廣告大大地寫著「Enjoy!」這讓我聯想到之前在網路上看到可口可樂〈讚助兒童，傳遞快樂〉的影片，影片內容是一群無名英雄把一些有意思的想法與行動帶到生活中，像是與陌生人擊掌、在各地種樹，或是在各處掛起鞦韆，其目的就是希望把快樂帶給陌生人，並在街頭中創造許多的歡笑聲。

這一刻我開始懂得，原來我在做的事不單單只是蒐集微笑，在演奏烏克麗麗的同時也正在分享著簡單的快樂給每一位所遇見的人。在他停下演唱的休息空檔，我決定買瓶可樂與他分享這個概念，並謝謝他的表演讓我重燃此行的熱情。

在他再次開唱前，他對我大聲喊著：「Enjoy Your Life!」

是的，我們應該享受生命，傳遞心中那份簡單快樂！

“現在，請不要在乎有沒有人注意到你，那都不重要，
重要的是你是否有堅持走下去。
請給未來一個想像的空間，你的視野決定了這條路的方向。
堅定信念，逐夢踏實！”

再重逢

我情緒激動地衝上前抱緊他們，淚水彷彿是為難得的重逢也從眼眶中流下。

「嗨！木村，這位是我二哥曜陽。二哥，這位是我之前跟你提起的木村步未小姐。」

我站在展覽會場為他們兩個陌生的彼此介紹一番後，我們三人即開始聯手佈置展覽會場。

再次回到仙台時已經是三個月後的事，不過在這之前其實我早已先回台灣一趟，尋找資源協助此次的微笑展覽，也因為展覽所需的物品太多，自己一個人無法搬運，加上時間壓力的情況下，決定又哄又騙地把二哥從台灣抓來一同協助。

而另一位幫忙佈置會場的木村小姐，是我在仙台認識的友人，也是此次展覽的最大功臣，因為她的關係，我才有機會在這個寸土寸金的仙台市中心裡借用到免費的場地。

與她的相識，要追溯到三個月前，當我旅行到仙台時，她那個時候是任職於我入住的背包客棧，擔任管理員。木村小姐因為曾經在澳洲打工度假以及在美國唸書，所以在與她溝通時減輕了不少使用肢體語言表達的負擔。

當我跟她分享有關紐西蘭蒐集微笑的經驗後，她大感驚喜地表示自己很喜歡這個想法。但隨即表情一沉、感嘆地說：「自從二〇一一年三一一日本大地震，海嘯無情地肆虐沿海地區的家園後，在家鄉『石卷』就再也看不到人們臉上的笑容。尤其是一些中、小學受到毀損後，無法再提供環境給學生就讀，許多家長為了讓孩童繼續就學，選擇搬遷至其他城鎮。在復原過程中，孩童的微笑是激勵大人們最重要的能量，一旦孩童跟著離開這座城市，街頭巷尾不再見到他們嬉戲的身影與喧鬧的笑聲時，那麼受創地區會更因此受到二度傷害，留下的只剩城鎮角落中的孤寂感。」

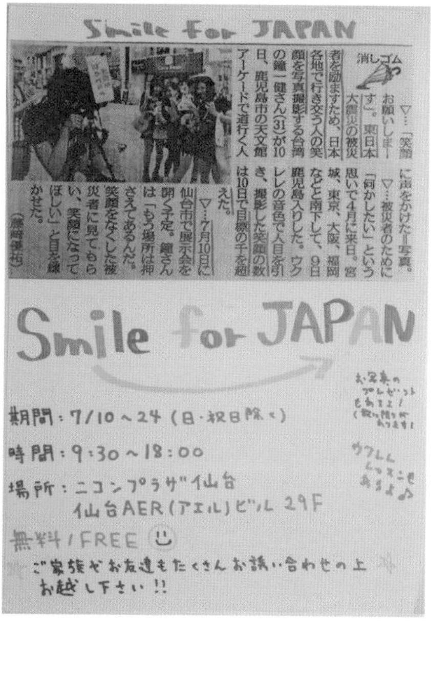

Smile for JAPAN

消しゴム

▽…「笑顔お願いしまーす」。東日本大震災の被災者を励ますため、日本各地で行き交う人の笑顔を写真撮影する台湾の鐘一健さん(31)が10日、鹿児島市の天文館アーケードで道行く人に声をかけた＝写真。

▽…被災者のために「何かしたい」という思いで4月に来日。宮城、東京、大阪、福岡などと南下して、9日鹿児島入りした。ウクレレの音色で人目を引き、撮影した笑顔の数は10日で目標の千を超えた。

▽…7月10日に仙台市で展示会を開く予定。鐘さんは「もう場所は押さえてあるんだ。笑顔をなくした被災者に見てもらい、笑顔になってほしい」と目を輝かせた。（[illegible]）

Smile for JAPAN

期間：7/10～24（日・祝日除く）

時間：9:30～18:00

場所：ニコンプラザ仙台
仙台AER（アエル）ビル 29F

無料/FREE

ご家族やお友達もたくさんお誘い合わせの上お越し下さい!!

お写真のプレゼントもあるよ!（数に限りがあります!）

ウクレレレッスンもあるよ♪

其實我在台灣出發前難免會聽到一些質疑及負面的聲音：「三一一早已經是兩年前的事，你現在去幹什麼？」、「你四月才去，是在做秀嗎？」、「日本人不吃這一套，你別浪費時間了。」

可是我也非常清楚，如果選擇在一旁觀看，什麼事都不會發生。也許沒有人可以做任何事，但是每個人都可以為這個社會或為他人做一點事，那麼這個世界的某個角落，可能會因為你的行動而產生一點改變。

聽完她的敘述後，我更確信自己當初踏出這一步來到日本是正確的。我將此次日本行的計畫分享給她，並告訴她：「誰都不該被遺忘！我希望用行動告訴災區以外的朋友可以繼續地關注他們，給他們力量。也希望讓災區的朋友知道，我們並沒有遺忘他們，在未來的復原路上，我們要一起加油。」

她的眼神彷彿像是重新找到方向，並表示自己也可以投入這項計畫，幫忙在震災區域協尋合適場地，讓微笑照片可以有機會在日本展出，讓災民們可以透過此項計畫一同感受微笑的力量，重拾心中的希望。

＊＊＊

其實所有的過程都不如預期中的順利，一方面是獨自旅行蒐集微笑途中所遇到的心靈挫折，另一方面是我在完全沒有任何背景與資源的情況下，在日本根本沒有一個單位願意接受我們的申請。在萬念俱灰下，因為一份產經新聞的報導而出現轉機。

當我旅行至大阪時，經由台灣駐大阪辦事處協助，讓我有機會與產經新聞社記者會面，在辦事處人員充當翻譯人員從中協助之下，我分享著自己此次日本收集微笑的目的與精神之外，專訪的過程中我也告訴記者一路上令我感動的故事。像是仙台搭便車至盛岡時遇到的樋口治先生與野枝女士，雖然之間有語言隔閡，但卻是用著心與心在交流，以及學習到令我感觸最深的日文熟語「一期一會」。這些故事都被當天採訪的記者詳細記錄下來。

木村小姐在得知後，便在報紙刊登後隔天，將此訊息提供給各展覽場地，希望得到各場地的申請許可。很幸運的是，最終我們找到日本尼康（NIKON）相機也正在舉辦「微笑東北計畫」，正好與我們的「微笑日本計畫」相呼應。在他們位於仙台的相機維修服務處旁設有免費短期展覽空間，因為木村小姐的不放棄，終於成功地爭取到為期兩週的展

Smile For Japan
千の笑顔 東北に元気を届けたい

産經新聞
6 1
列島縦断 出会いをパチリ
東北へ 笑顔配達人
台湾人写真家「一期一会」胸に
待ち時間「イライラ」減少
スマホのおかげ？

覽機會，讓我們可以將一路上所蒐集到的微笑照片展覽於此，也讓微笑的力量可以在此被看見。

＊＊＊

隔天一早，展覽正式開幕時，日本NHK電視台特別前來採訪，而跟著媒體後面參觀的第一位民眾竟然是樋口治先生與野枝女士！

自從三個月前與他們分離後，我在一次旅行途中不小心將他們的聯絡方式弄丟，為此我還難過不已，覺得未來可能沒有機會再見面，再跟他們說一聲謝謝了。而大阪記者芦田彩小姐得知後，為了幫我找到這對夫婦，還特地查詢全仙台地區的電話資料，試著與他們取得聯繫，直到展覽前一天仍然查無所獲，讓我不免感到在心中留下一絲遺憾。

但此刻，看到站在門口的是樋口治先生與野枝女士時，我簡直不敢相信自己的眼睛。我情緒激動地衝上前抱緊他們，淚水彷彿是為難得的重逢也從眼眶中流下。

我留意到樋口治先生手中握著一份報紙，那正是大阪記者芦田彩小姐採訪我後寫在產經新聞的那一篇報導。原來他們是透過報紙得知有一天我會回到仙台舉辦微笑展覽，特地前來為我加油打氣。我掩飾不住自己的興奮與在場的所有人分享，NHK電視台的人員看到我與樋口治先生及野枝女士的互動後，決定把我們之間發生的故事記錄下來。

他們邀請樋口治先生與野枝女士站在鏡頭前接受採訪時，只見野枝女士很可愛地說：「請等一下，我知道自己可能會被採訪，所以我有準備講稿。」

現場的大伙們都被她突然的舉動逗得哈哈大笑，樋口治先生也是不好意思地抓抓頭微笑著，好像早就習慣老婆的純真個性。看著他們在鏡頭前分享著我們之間相遇與相處的過程，我的心真的是滿懷感激。回想起這三個月以來在日本一路上所遇到的人、碰到的事，都是如此地難能可貴，讓我更懂得珍惜每一次與陌生人之間的相遇與情感的連結。

在他們離去前，野枝女士交給我一封信：

鍾一健様

私達は、東日本大震災で多くのものを失いましたが、テリーに出会った事で、日本や台湾でのホームページや新聞などが小さな私達の行いを賞賛してくれた事。余儀なく引っ越した先での新しい土地で出会った人々に親切にしてもらった事。これが私達にとっての一生失うことがないかけがえのない財産です。テリーは私達に希望を与えてくれました。

少しずつですが、家族で力を合わせ前に向かって歩いていこうと思います。

そしていつか、テリーの故郷である台湾を訪れてみたいと思います。

これからも笑顔を集め、沢山の人々に元気と希望を与えて下さい。

私達に与えてくれたように。心から応援しています。

樋口 治
野枝
有希人

鍾一健先生

雖然我們在東日本大地震失去很多，
然而，由於與泰瑞的相遇，我們所做的微不足道的小事受到日本和台灣
媒體的讚賞。
也因此在新移住的地區，受到了當地人的親切對待。

泰瑞又重新為我們的生活帶回希望，
我們一家人會齊心協力一步一步努力向前，
在未來的某一天，我們也很想造訪泰瑞的故鄉「台灣」。

接下來也請你繼續蒐集微笑，
給予更多的人元氣與希望，
就像當初你給予我們希望一樣。
我們永遠支持你！！

樋口治
野枝有希人

“旅行，有時候並不一定會在當下得到什麼，但經過時間的沉澱，那些你曾遇到的事，接觸到的人，會慢慢地在內心發酵，可能是一年，可能是五年。
記得，不要急著在當下找尋一個答案，因為這樣會失去旅行的意義與初衷，就讓你的感官去享受，讓你的心去自由，而你終究會得到生命給你的啟示。”

後記

結束這段三年的旅程之後，我應該是重拾出國前的專業，找份工作發揮所長，回歸平凡。又或者是跑到深山、偏鄉的學校裡當一個快樂的鄉野老師，分享自身經歷，協助孩童們找到自身天賦。

不知怎麼地，我的故事開始被受到關注，陸續接到來自各界的講座邀約，變成一個四處分享說故事的人。

回國以後的這段時間裡，我的生活過得簡約也很踏實，我覺得這些心靈轉變都來自於國外壯遊時，與那些曾經出現在旅途中的特別的陌生人有關，他們給予的生命啟發至今仍深深影響著我。

在那沒有隔閡、沒有猜忌的相處之下，用一顆簡單的心呈現出的真誠與快樂。

如同故事中的草根人物們，他們並不會因為自己擁有的少，而吝嗇對他人付出。相反地，他們更真誠地給予與分享自己愛人的能力。就像總是笑著對我說：「我沒有工作，但我有時間。」的樋口治先生，不因經濟的貧困而喪失幫助他人的能力，那才是真正的富有。

而我也清楚明白，我是一個人旅行，但我不是一個人走在路上。旅途中，

你會遇到和你有著相同夢想的人一起走在背包旅行之路，

你會遇到友善的陌生人在你遭遇困難時伸出援手，

你會遇到勇敢的朋友引領你突破心中的恐懼，

你會遇到有智慧的前輩分享著他的人生哲學。

你不會是一個人，因為你會與來自世界各地的朋友產生連結，在彼此的生命中相互影響著。

感謝那些曾經出現在我生命中的每一位陌生人，是他們教會我如何尊重生命，看待生命。因為他們的協助與無私的付出，讓我的人生旅程可以更完整。

這是我的故事。

真誠地希望它可以蘊含一個「引」，而未來的你可以透過行動尋找屬於自己的那個「解」。

也許在這過程中，你會遇到許多挫折，包括財務、身體狀況、人際關係、心理層面等，都在未知的將來等著你去正面迎戰。但請你不要放棄，學習如何改變心境堅持下去，因為你所遭遇到的這些打擊與失敗，都是讓你成為未來更堅強的自己的養分之一，那些曾經的苦澀也會轉化成甘甜的回憶。

記得，雖然改變不容易，但你會喜歡改變後的自己！

GOBOOKS
& SITAK
GROUP ©